「統一朝鮮」は日本の災難

筑波大学大学院教授
古田博司
Furuta Hiroshi

飛鳥新社

「統一朝鮮」は日本の災難　目次

第5章

韓国と北朝鮮は「一国二制度」になるか

初出一覧

はじめに

私が若い大学生だったころ、大学者の丸山眞男氏はまだ御存命で、「日本のナショナリズムは処女性を失った」と、頻《しき》りに紙面で叫んでいた。敗戦を経て、ふたたびあの亡霊が立ち上がってくることを、恐れたものか、嫌ったものか、とにかく貶《おとし》めずにはいられなかったのだろう。気持ちはわかるが、私はこの言葉から何の視覚映像も浮かばなかった。

当時の学者たちは、実はほとんどがそうだった。ローマ帝国研究の泰斗、弓削達《ゆげとおる》氏の『ローマ帝国論』を読む。「奴隷制大農場経営」って、何？　「小作人的奴隷」って……、とつぶやいて、「奴隷」のこと全然わかってないだろう！　ちゃんと視覚映像を結べるように説明してみろと、思わずどなりたくなった。

抽象的ということは、『新明解国語辞典』(1995年、三省堂)に、「個々別々の事物から、それらの範囲の全部のものに共通な要素を抜き出し、『およそ……と言われるものは、そのようなものである』と頭の中でまとめあげること」とあるのが、実に写実的で正しい。

やむにやまれず、そうするものである。ところが、昔のえらそうな学者は、みんな始めから、抽象名詞を放り投げるように、ぶっつけてくるのであった。実態しらずの、世間知らずの、苦労知らずだった。

私は幸か不幸か、今ではダークサイドに落ちた文在寅《ムンジェイン》の韓国や、トールキンの『指輪物語』に出てくる、暗黒の国、モルドールのようになってしまった習近平の中国からは、適当に距離の置ける、中韓がただただ貧しかった時代にこれらの国々を見て回った。

それでも結局不幸だったのだと思う。世の中にはもっと良い国がたくさんある。ところが私ときたら、悪い国ばかり渡り歩いてきた。ソビエト、「何が社会主義の祖国」だ、裏街は失業者の群れじゃないか、失業者の一人に腕をつかまれ、セイコーの時計を売れと言われた。

そんなためにロシア語を習ったんじゃない。

中華人民共和国、なんで地方の共同便所があんなに狼藉《ろうぜき》としているのか、寝台車のトイレもすさまじかった。この国の汚さは貧しさとは別の根拠をもっている。貧しいと、汚くて、臭くて、ひもじくて、つらいが、それとは別の汚さだ。

朝鮮民主主義人民共和国、国名からしてウソで、そこはまさに「生き地獄」だった。飲み水は全部硬水なので、飲むとたちまち下痢をおこした。旧約聖書に出てくるエリコの町みたいだ（列王記下2―19〜22）。張りぼてのような街、平壌は本当に張りぼてで、その裏側に実の人の住む住居があった。くすんだ低いコンクリートの建物に、欠けたガラス窓、子供たちの声が聞こえた。振り返ると、ガイド兼監視役の大男が私を睨《にら》みつけていた。

大韓民国、そこは「おもしろい煉獄《れんごく》」である。韓国帰りはみな声が大きくなる。なぜかというと、誰も人の話を聞いていないからだ。「俺（あたし）の話を聞け！」ということで、みんな声がでかくなる。女は整形しているので、近くへ寄ると肌に細かい傷だらけだ。男はふんぞり返ってほらばかり吹く。それでも昔は純朴だったので何とかなったが、最近はみんな傲慢《ごうまん》になってしまった。一流企業の初任給が、中小企業の初任給の2倍⁉ 何という国だ。

私の最大の不幸は、学者らしく、抽象名詞を弄《もてあそ》ぶことができないことに、あるのかもしれない。ということで、本書では、できる限り写実的に韓国のことを書いてみた。抽象的で難しいところは、やむにやまれずそうなっているだけなので、飛ばして読んでいただいて一向にかまわない。

２０１８年7月6日　古田博司

序章　〝困った隣人たち〟から日本国民を守るために

朝鮮半島はただの廊下

まずは、地理の説明から。中国・北朝鮮・韓国の地図を思い浮かべて欲しい。朝鮮半島の山岳地帯は、今の北朝鮮のある北東の方に集中している。逆に、西側は大した山もないほとんど平坦な土地なのである。つまり一言で言えば、ただの「廊下」なのだ。私はこの廊下の研究を40年もしてしまった。明らかな失敗だ。40年経って、やっと廊下だということに気づいたのである。

私が若い学生だった頃、朝鮮半島の研究をする先生たちは、みんな左翼かリベラリストだった。「悪辣《あくらつ》な日本人が、朝鮮半島を乗っ取り、これを植民地にし、ひどいことをした。戦後雄々《おお》しく独立した韓国・北朝鮮が、主体的であることを研究で示さなければならない」、そう教わった。しかしそれは、全部ウソだった。廊下が主体的になれるわけがない。平坦な土地だから、歴史を見ても、外敵を防ぐことが全くできていないのだ。

高麗《こうらい》という国の王様は、三度、契丹《きったん》族という異民族に攻められて、朝鮮半島の南端まで逃げのびた。モンゴルには国の北半分と済州《チェジュ》島《ド》を取り上げられ、王子はモンゴル人とのハーフになった。

次の李《り》朝の王様は、豊臣秀吉の軍隊にボコボコにされ、また逃げる。援軍の明《みん》軍も和睦《わぼく》して逃げた。次には、清《しん》のヌルハチの息子が南下してきた。奉天《ほうてん》（現在の中国瀋陽《しんよう》市に相当する都市）を出発した軍隊が、ソウルを落とすのに、何と2週間あまりしかかからなかった。王様はもちろん逃げる。海沿いの江華島《こうかとう》にいつも逃げるので、ここには逃亡用の王宮まで用意されていた。

つまり、守れない土地なのである。そんなところに、まともな国家が存立できるわけがないのだ。

日本の朝鮮統治は善政だった

文化の面も朝鮮に特徴的な文化などない。通り道なので、まともな政治や経済も生まれない。宮廷派閥闘争や粗放な古代経済ばかりで、王様や支配層はいつも逃げ腰で、民衆は彼らに対し諦《あきら》めきっている。これが「恨《ハン》」という独特な意識を生んだ。「恨」はうらみではない。王様や支配層は、民衆が言うことを聞かないので、いつも強権的、差別的で無責任だった。逆に民衆は彼らを尊敬しない。しかし、逆らうと殺されたりするので、無念のまま諦めるのだ。この無念・無気力が「恨」である。「恨」は美意識ではない。かわいそうなのだ。でも同情すると、すぐに絡《から》んでくる。そして、金をたかってくる。同情してはいけない。

そんな朝鮮をかつて日本が併合して統治したことには、理由がある。当時、北方からロシアが迫っていたので、日本の安全保障のために、ここを取っておく必要があったからである。

そこで、日本が朝鮮を併合したのだが、西洋の帝国主義諸国のアジアやアフリカにおける植民地支配とは、全く別の統治をした。

朝鮮の近代化を助け、結果的に、年平均で3・7パーセントの経済成長を遂げるまで、朝鮮の近代化を後押ししたのだ。そしてハングルの識字率を高め、教育を支援した。総督府と殖産銀行は民族資本家を育て上げた。

19世紀のイギリスの旅行家、イザベラ・バードに、「世界第二の不潔な都市」（第一位は中国の紹興市《しようこう》）と書かれたソウルを衛生的な街に作り替えた。生産増大でとれたコメは、資本主義の原則に則《のつと》って日本本土に輸出された。皇民化教育や日本語専用を強制したのは、戦争がひどくなった最後の五年間だけである。

我々と、ニューライトという韓国の実証的な学者たちの努力で、今では以上の事実が通説となったが、1980年代くらいまでは、日本の左翼学者たちがウソばかりついてきた。

彼らは共産主義者や社会主義者だったから、ソ連を共産主義の祖国（正義）だと思っていた。その正義の国に対し、日本を武力で守る必要があるとは思いたくなかったのだ。もちろん日米安全保障条約には大反対である。北朝鮮は、西洋とは違う独自の近代化の道を歩んでいる立派な国だ、という意識だから、こんな優れた民族を支配し、収奪し、歴史をねじ曲げようとした日本人は悪そのものであるとし、日本人に贖罪《しよくざい》意識を植え付けようとしたのである。

今ではソ連は崩壊し、北朝鮮は破綻《はたん》国家になってしまったから、日本の左翼の学者たちの認識は全くの見当はずれだったのだ。でも贖罪意識だけは、教育を通じてある程度、日本人の中に浸透してしまった。これを拭《ぬぐ》い去るのが、これからの私たち朝鮮研究者の仕事だ。

廊下は廊下なのであって、廊下だけ切り離すことはできない。戦前は、満洲と朝鮮は一体で、「満鮮史研究」と言われ、随分と高いレベルの研究があったのだが、再びここから始めなければならない。

いまだに国家の正統性がない韓国

韓国は、日本から自力で独立を勝ち取った国ではない。米軍が進駐して来て、〝棚ぼた式〟に独立を得たのだ。その点、北朝鮮のほうに一分《いちぶ》の利がある。

初代主席となった金日成《キムイルソン》が、満州の中国軍隊の一司令官として、一応独立戦争を戦ったからだ。最後に金日成は日本の討伐隊に追われて、ソ連領に逃げ込んだが、そこで次代の指導者として、極東ソ連軍によって白羽の矢を立てられた。美男だったことと、語学が得意だったことが幸いしたようだ。

一方、南部には、日本と戦った者たちがいなかった。せいぜいドロップアウトしたテロリストたちだった。重光葵《しげみつまもる》という人を知っているだろうか。日本の敗戦の時、米国軍艦ミズーリ号の甲板《かんぱん》で、全権として降伏文書に調印した人だ。重光氏はその時、杖をついていた。なぜなら右脚がなかったからだ。朝鮮人のテロリスト、尹奉吉《ユンボンギル》に爆弾を投げつけられ、右脚を吹き飛ばされてしまったのだ。

韓国は日本の対戦国でもないし、戦勝国でもないから、誰も英雄がいない。そこで何と、戦後、このような卑劣なテロリストを英雄にしてしまった。国際的にも恥ずべきことだが、彼らにはこの「恥」を理解することができない。

韓国は日本の敗戦により、自然に独立してしまっただけなので、国家の正統性がない。その後、自立して立派な民主主義国になれば、それでも国家の正統性が持てたかもしれないが、今の韓国を見ていてどうだろうか。法治主義も民主主義も危うい。つまり、いまだに韓国には国家の正統性がないのである。そのため、独立直後から、国家の正統性をひねり出すための様々な虚偽を案出し続けた。戦前、大韓民国臨時政府と自称して、中国大陸で中国国民党の食客《しょっかく》になっていた無頼《ぶらい》集団があった。初代大統領は、後に韓国の初代大統領となった李承晩《イスンマン》である。副大統領は、共産主義者の李東輝《イドンヒ》だった。

この集団は、民族主義者と共産主義者とのごちゃまぜだったから、派閥争いばかりしていた。李承晩はわずか2年で追放され、米国に渡ることになる。ソ連から秘密資金をもらっても、李東輝が全部使い果たしてしまったというひどさだ。

光復軍《こうふくぐん》という軍隊を持っていたが、テロリストの金九《キムグ》という人物の私兵のようなものだった。光復軍の仕事と言えば、ミャンマーのイギリス軍の委託で、9人の兵を派遣したことくらいである。これらは全部、日本兵を投降させるための日本語の宣伝ビラ作りとして雇われただけなのだ。イギリス人からもらった雇金は、人事を握っていた金九に全部食べられてしまった。本当にひどい集団なのである。

絡み・ごね・たかりは最終の独立兵器

ところが、現在の韓国では、「これが韓国独立運動と建国の基礎だ」と偽装されているのだ。全部ウソである。「ウソをつかなければならなかったのだ、かわいそうに……」などと同情してはいけない。必ず嵩《かさ》にかかってくる。「こんなになったのも、全部日本のせいだ」と開き直るかもしれない。絡み・ごね・たかりは彼らの唯一の戦術なのだ。歴史上、モンゴル人も満洲人もロシア人も、みんなこれに参ってしまった。いわば最終の独立兵器なのだ。普通の日本人はかかわらないのが一番だ。

こんなわけで、独立の偽史を捏造《ねつぞう》するために、韓国は「反日」でなければならないのである。このような国では、愛国心が反日に変わってしまう。

中国も同じだ。日本軍と戦ったのは国民党軍のほうで、共産党軍ではないから、彼らも自分たちが戦ったのだという偽史を必要とするのだ。したがって、反日を外すことはできない。

よく韓国人と付き合っている日本人で、「そんなにひどい人たちではないよ、立派な紳士、率直な青年、魅力的な女性もたくさんいる」と、言う人たちがいる。

有名なピアニストの故・中村紘子《ひろこ》さんが、次のように言っている。

「私の知る彼らは穏やかで節度があり、しかも親密な人間味に溢《あふ》れている。要するに一言で言えば、立派な人たちなのだ。それで私は何度も当惑してしまう。マスコミで騒がれている攻撃的な韓国人とは、全く違うではないかと。まるで違う人種と言って良いほど。なんて思う私はお人好しのバカカバマヌケなのかしら（といったら、私が尊敬する彼らに対して失礼に当たると思うのだけれど）」（『新潮45』2014年9月号、随筆「この世には、分らないことがいっぱい」）

失礼だが、当たり前ではないだろうか。はじめから竹島をコソ泥するような泥棒や、卑劣なテロリストばかりいるわけがない。しかし、ここからが要注意だ。なぜその人があなたに紳士的な態度をとってくれるのか、と言えば、ほぼ、あなたに地位やお金やコネがある場合に限られるのである。

魅力的な韓国女性と結婚すると、親族中が日本に遊びにやって来る。「親しき中には礼儀なし」を本当に実践し、あなたの家の冷蔵庫を勝手に開けて、中のものを食べるかもしれない。注意すると逆にキレて、「反日」を合言葉に怒鳴りまくることもある。

あからさまで楽天的でドギツイ人々

私は韓国に6年間住んでいた。別に好きで居たわけではない。食うために韓国の大学で教えていただけなのだ。その時に、何人か友人ができたが、みんな消えてしまった。韓国は浮き沈みの激しい社会なので、すぐどこかへ行ってしまう。新住所を残してもいかない。初めのうちは一所懸命探していたが、本当に疲れた。韓国人とは親友にはなれない。

日本の大学に戻り、国立大学の教授になると、韓国人が、自分に良くしてくれるようになった。働くより遊びが基本の人たちだから、韓国の大学教授はしょっちゅう休暇を取る。日本であんなことをしていたら大変だ。日本の大学に来たいというので手続を取ってあげると、平気でドタキャンする。怒ると、逆に「この恩知らず!」と言ってキレられる。別に恩に着ていても、着ていなくても関係ない。相手に良くしてあげれば、それだけで彼らにとっては恩恵の施《ほどこ》しなのだ。共通の友人がいる場合には、「あいつは恩知らずだ」と告げ口して回る。朴槿恵《パククネ》前大統領と同じだ。これを韓国語でイガンヂル（告げ口による離間策）と言う。そういうことをするのは、決して特別な人たちではない。みんな見た目は立派な紳士なのである。

そんなドギツイ人々だが、面白い人たちでもある。無念の恨は、諦めの楽天性をも生むのだ。笑える韓国の冗談を一つ紹介しよう。

韓国人と日本人と中国人が、一緒に豚小屋に入り、誰が一番長く我慢できるかを競争した。まず日本人が飛び出してきた。「うう、臭い、たまらん」。次に韓国人が飛び出してきた。「まだ中国人が残っているぞ、よくいられるものだ」。日本人と韓国人が中国人を待っていると、なんとブタが飛び出してきた。「あんな不潔な奴、連れて来たのはどこのどいつだ」（２００７年朝日新聞会員制インターネットサービス、アスパラクラブ「ＡＣＩ」欄）。

目くそ鼻くそを笑うというか、韓国人は中国人のことを、こんなふうに日常的に侮辱しているのだ。韓国では人間性を卑《いや》しめるような冗談が朝から晩まで続く。

伝統の独立ＤＮＡが中国を襲う日

さて、これからの朝鮮半島と中国との関係がどうなるかと言えば、私たち専門家は、中国・韓国の接近が東アジアの将来像だと思っている。

中国は、北朝鮮に送る原油のパイプラインを色々と操作する。それで北朝鮮はじり貧の状態に陥《おちい》ったりする。

一方の韓国はどうかというと、国会先進化法という法律を作ってしまったので、強行採決ができない。議員の五分の三の賛成がないと法案が通らないから、全然法案が成立できない状況が続いている。経済も、韓国は貿易立国だから、ウォン高は致命的なことだ。そこに左翼の政党と労働組合がどんどんと力を広げていった。

おまけに、検察と憲法裁判所が勢力争いをしているから、検察が勢力を伸張しようとして、慰安婦補償請求とか、日本徴用工補償請求とか、日韓基本条約破りの変な判決ばかり出す。

セウォル号の大事故（２０１４年）を覚えているだろうか？　あの時も、海洋警察や自治体、学校などが別々の事故対策本部を作ってしまい、混乱の極みだった。あれと同じように、韓国人は分業が苦手なのだ。分業は仕事を人に任せて成立するわけだから、まず他人を信じなければ始まらない。分業ができないということは、信頼関係も、約束関係も、契約関係もだめだということだ。実はこれが、日本から見た場合の東洋諸国の大きな問題なのである。

韓国はこれからも、近代化を乗り越えることができず、どんどん崩れていくことだろう。いわばダーク・サイドに落ちるのだ。

破綻国家の北朝鮮と、不完全近代国家の韓国。貧困と堕落が統一される日が来るかもしれない。中国がこの両国をどのように手玉に取るかが、これからの東アジア政治の焦点となることだろう。

DMZ（38度線・非武装中立地帯）がなくなると、ただの廊下に逆戻りし、北から中国の企業が雪崩《なだ》れこむかもしれない。中国の企業はすべて奴隷労働力を必要とするブラック企業だ。しかし、あまり手玉に取りすぎると、またあの伝統の独立DNAが、絡み・ごね・たかりとなって中国人を襲うことになるだろう。そうなると今度は反中運動が高まる。

なにしろ内心では中国人を馬鹿にしているから、「反中」は「反日」よりもっとひどくなると思われる。

〝困った隣人〟から日本国民を守る

慰安婦問題については、朝日新聞が2014年9月11日に、もう半分謝罪したのだから、慰安婦の強制連行などなかったこと、韓国の反日団体がこれでメシを食うために話を大きくしたこと、「河野談話」や「村山談話」が、韓国に同情したり韓国をなめたりしたため、彼らの執拗《しつよう》な反日戦術にはまったということは、もはや明らかだろう。

在米韓国人移民たちが、米国の各地に慰安婦像・慰安婦碑を建てたりしているのは、自分たちが祖国を捨てたという事実を、「反日」という愛国行為によって隠蔽《いんぺい》したいという意図が働いている。そんな彼らが米国で落ち着き、そろそろ自分たちにも正統性がほしいと、心中思ったのであろう。母国とかかわれば、反日運動は儲かるから一石二鳥でもある。

日本海の呼称問題は、彼らのウリジナル（ウリ＝朝鮮語で「我々」の意＋オリジナルの造語）という意識による。以前、韓国は「孔子様まで韓国人だ」と言って中国人に怒られたことがあるが、韓国には文化的な特徴が何もないので、外国のものをパクっては自分たちのほうがオリジナルだと言い張るのだ。「日本海」を「東海」と勝手に呼んでいるのもこのためだ。劣等感（「正統性コンプレックス」――後述）を認めずに打って出てくるというのも、彼らの独立ＤＮＡの「絡み」の一つだろう。

韓国は東西、南北とも高速バスで3時間あれば横切れる小国である。元来、廊下のところが38度線で切れて、はじめて国家らしくなった。日本の対韓輸出額は総輸出額の7％、対韓輸入額は4％にすぎない（二〇一七年度）。日本人が韓国に無関心でも全く問題ない。

しかし、治安の面では、無関心でばかりいられない。海を渡ってくる密入国者、詐欺団・強盗団、売春、麻薬組織に対処しなければならないし、これからは爆弾魔もやって来ることだろう。困った隣人たちから日本国民を守るためにも、まずはこうした基礎知識が必要であろう。

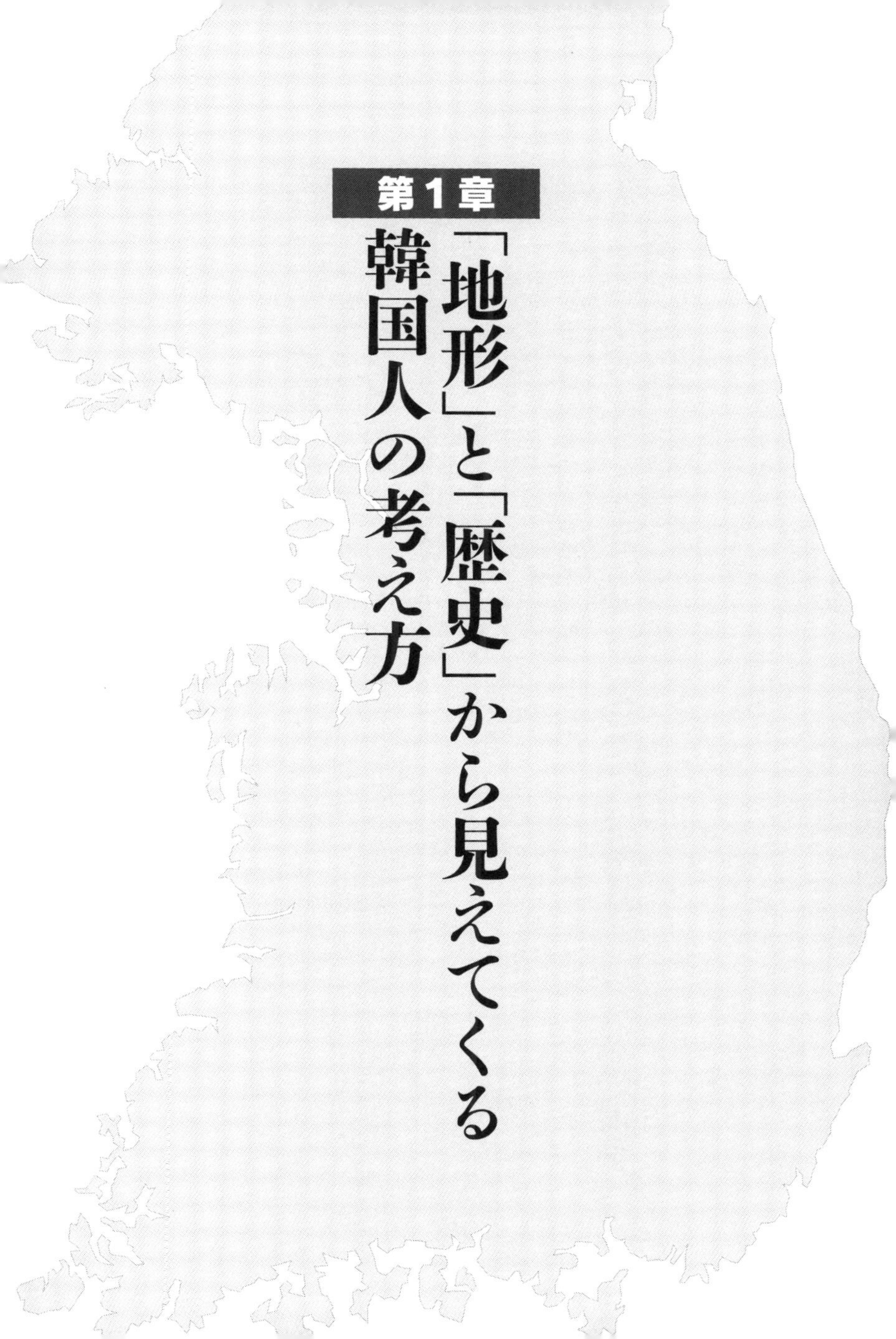

第1章

「地形」と「歴史」から見えてくる韓国人の考え方

地形から見ると、韓国、中国がよくわかる

朝鮮半島にある南北二つの小国は、様々な事件を惹起《じやつき》することにより、大国の頭ごなしの決定には決して従わないという「自立性」を常に示し続けている。国家間の関係というのは元来そのようなものなのであり、例えて言えば、ビリヤード台の大きな球も小さな球も、それぞれのやり方でぶつかり合うのである。小国とはどのようなものか、日本ではその知見が薄いので、いつも対処を誤る。朝鮮の周辺大国の視点から小国というものについて丁寧に解説してみよう。

コリアは地形が「行き止まりの廊下」であり、武器を持った人々が往来する「ただの廊下」のパレスチナよりは幾分ましな地形だと言える。逃げようにも逃げられず、一定の人口が行き止まりに溜まることにより、紀元前100年頃に何とか部族国家らしきものが生まれた模様である。東側は山脈で、西側は平坦な廊下で、土地は痩せている。李《リ》朝時代でも、穀物が採れたのは三南地方という、慶尚道《キヨンサンド》、忠清道《チユンチヨンド》、全羅道《チヨルラド》だけだった。

隣のシナは北東と北西に細い入口のある、「袋状」あるいは「壺状」の地形だ。北東側は大興安嶺《だいこうあんれい》が海の際まで迫っていて、ここを山海関《さんかいかん》と呼んでいる。即時に大量の軍隊を動か

すのが難しいので、満洲の遼陽《りょうよう》に軍事拠点を置いて、ここに騎馬兵や屯田兵《とんでんへい》を蓄えておくのが普通だった。中国の王朝の中では、明《みん》朝がここを活用し満洲の北方民族への備えとしていたが、もともとはモンゴルが侵攻拠点として築いたものだった。

つまり、漢民族の王朝にとっては防衛拠点、異民族の王朝にとっては侵攻拠点だったわけで、防衛拠点がシナ中心部の外にあるということがそもそもの地形的な弱点である。つまり内陸部に引き入れて敵を撃つことができず、遼陽を奪われれば半分は侵攻されてしまうということだ。北西側の入り口には北にゴビ砂漠、西に秦嶺《しんれい》山脈が迫っていて、蘭州《らんしゅう》方面にしか開きがない。異民族はだいたい二手に分かれて、半分はこちら側からシナに侵攻した。こういうのを地政学的には、vulnerability（ヴァルネラビリティ・打たれ弱さ）というのである。

どこに似ているかというと、エジプトに似ている。ここも北東と北西からしか注ぎ口がない壺である。シナイ半島の北部を通って来るか、リビアの海沿い方面から入るかである。南方はヌビア砂漠、西方はリビア砂漠、東方は紅海で塞《ふさ》がれているので、袋状になっている。

このような地形は、古代文明の発生には適していて、だいたい紀元前に文明が発達するが、古代王朝を繰り返すうちに異民族が侵攻して、全土を乗っ取ると征服王朝になりやすい。北をヒマラヤ山脈が塞ぐ逆三角形のインドもそうだが、古代文明の発祥地は心なしか子宮の形に似ている。以後、子宮型と呼ぶことにする。大河は必要だが十分とは限らない条件である。そうでないと、アマゾン川やセントローレンス川に古代文明が栄えてしまうことになる。

古代エジプトもずっと純エジプト人が支配したわけではない。ヒクソス（アモリ人）の王朝（第15王朝・第16王朝）や、リビア人の王朝（第22王朝・第23王朝・第24王朝）や、黒人のエチオピア人の王朝（第25王朝）や、ギリシア人の王朝（プトレマイオス朝）などが混じる。シナと違って、北方が海で開かれているので、侵入した海の民（後のペリシテ人）により第19王朝と第20王朝では白人種の混血も生じている。つまり、子宮型の古代文明の地には、純血種はいない。シナも同様である。漢民族や中華民族（『孫中山全集』第五巻、三民主義、1919初出）というのは擬制《ぎせい》にすぎない。

日本と違い、分業できなかったシナ、コリア

シナでは、隋《ずい》・唐《とう》朝は鮮卑《せんぴ》族、元《げん》朝はモンゴル族、清《しん》朝は満洲族が開き、間の混乱期に

は様々な北方異民族の王朝が乱立する。漢民族の王朝は宋《そう》朝と明朝だけだが、本当に漢民族と言っていいのかどうかは疑問である。もともと純血種がいたとは思えない。秦《しん》の始皇《しこう》帝《てい》などは姓が嬴《えい》氏で、どこかの西方の民族らしいが、本当のところはよく分からない。

異民族が何故侵攻してシナを乗っ取ろうとするかと言えば、そこに文明の果実である技術品や工芸品、牛馬羊や食料が溜まっているからだ。満洲族などは、シナから取ってくればよいと思っていたので、征服以前には犂《すき》や鎌も作れなかった。時々侵入したり、朝貢したりして手に入れたのである。時には人間も狩った。連れて来て奴隷にするのである。

日本は世界に稀《まれ》な奴隷制度を持たない国である。奴隷や農奴《のうど》が戦国時代に点在したことはあるが、制度として広く定着したことはない。人間を狩ってきて、家畜のように扱うということはなかった。だから人間の家畜視もなく、宮刑《きゅうけい》（去勢）もなく、宦官《かんがん》もいない。奴隷制度を何故持たないで済んだかというと、古代から分業が発達していたからである。分業が発達していれば、皆が何かしら働いているから奴隷はいらないのである。何故分業が発達していたのかと問われると、もう答えられない。神話時代からそうだったと言うほかないのである。

古事記を見れば分かるように、日本は神々自体が分業している。アメノコヤネは井戸掘りと飲み水・食器の係、アメノイハトワケは守衛、アメノウズメは鎮魂・鎮撫・語り部、アメノオシヒは戦闘係、ヤタノカラスは斥候《せっこう》と案内といったようにである。それが中《なか》臣《とみ》（藤原）・隼人《はやと》・猿女《さるめ》（稗田《ひえだ》）・大伴《おおとも》・鴨（加茂）の部民になるというのは歴史時代の話であるが、歴史時代の現実が神話時代に逆照射されて、分業する神々が生まれたのかも知れない。そのようなわけで、日本国は分業がその根拠にある。それで奴隷制度の歴史をもたなかったため、ソ連人にシベリア連行され、奴隷にされた時には本当に吃驚《びっくり》してしまったのである。これが「シベリア抑留」の向こう側の姿であり、それは「シベリア捕囚《ほしゅう》」だったと言えるだろう。

地形が違うシナ、コリアを日本人は理解しにくい

ついでに地政学的な日本の姿について語っておけば、子宮型のシナと、行き止まりの廊下型のコリアの隣にある、「巨大な群島」である。日本列島とはよく言うが、列島というよりは、群島であろう。Japanese Islandsである。四つの島が比較的大きくて接近しているというだけで、全体を眺望すれば、６千以上の島々がここに集まっている。四島の海岸線を合計すると2万キロメートルにもなり、外周１００メートル以上の島々を加えると、3

万キロメートルを超える。これは、一塊になっているオーストラリア島の海岸線2万5千キロメートルに匹敵する長さだ。

近代以前では、この地形が即日本の防衛上の利点になった。太平洋は遠いし、日本海や玄界灘は荒れるので、外敵がなかなか近寄れない。接近は、結果的に失敗に終わった元寇《げんこう》一回きりだった。ドーバー海峡等は泳いで渡れるほど凪《な》いでいるので、イギリスにはノルマン・コンクエストという、古代英語をピジン（フランス語の影響で格に混乱が生じ、格の多くが失われた英語）にしてしまうような大変化が起きたが、日本では起こらなかった。

「日本国の要害は万国に勝れる者なり」「日本の地は大国に近しと雖《いえど》も灘海を隔てて而《しこう》して相遠きが如し。故に大国に屈せらる、患《うれい》なし」（西川如見《じょけん》『日本水土考』）などと言うように、18世紀前半までは日本も安穏《あんのん》でいられた。ところが後半になると、西洋の船が近海に出没するようになり、林子平《はやししへい》が『海国兵談』で警告を発することになるのである。

近代に入ると外国の船はどこからでもやって来るし、飛行機は四方八方から飛んできた。所詮《しょせん》独りでは守りきれなくなったのである。ところが堅固《けんご》な列島だと思い込んでいたので、コリア、満洲、シナへと東アジアに防衛線を拡大し、国土の外で国を守ろうとした。その結果は、外敵が増えるだけだということを我々は学んだのである。結局、東アジア連帯の

「アジア主義」は虚構だったのだが、この虚構が完全に晴れ切るまでに、更に半世紀を要した。究極的にこれを晴らしたのは、21世紀初頭における中国の軍事的台頭であった。

また、この群島は島の一つでも奪われれば終わりである。アメリカとの抗戦に突入してからは、周囲たったの22キロメートルの硫黄島《いおうとう》を奪われ、そこから飛来するＢ29によって国土は焦土と化し国は滅びた。大戦後、米戦略爆撃調査団報告書は次のように述べた。「硫黄島はＢ29搭乗員の士気と自信を計り知れないほど増大するのに役立った」。ところが日本は堅固な列島だと思い込んでいたので、日露戦争時のバルチック艦隊のように、最後は日本近海で迎え撃とうとしていたのである。日本国の最大の弱点は、分業が進み過ぎて分業組織相互の連携が困難になり、遂には互いに無関心になって全体の現実性と先見性を見失い、過去の成功例の「規格」に固着して失敗することだろう。

そして、漸《ようや》く学んだ。「孤立できない群島」であることをやっと学んだのである。戦後左派並びにアジア主義の人々は、東アジアとの関係がまずくなるたびに、「日本は孤立するぞ、孤立するぞ」と連呼したが、恐れる必要はない。所詮孤立できない群島なのである。だから、「列島」の外地で守ることはできないし、「列島」で迎え撃つこともできない。尖閣諸島は絶対外敵に奪われてはならないし、西側との日米同盟は故に必須なのである。

この群島の学びにとって更に幸いだったことは、シナやコリアの政争にほとんど巻き込まれることなく近代以前を終えたことだろう。近代以前の日本人は、文献によってしかシナとコリアを知り得なかった。彼らの現実を知ったのは、船で自由に航行できるようになった近代に入ってからである。つまり、日本人の東アジア人との本格的な交渉史は、ひどく浅いもので、たかだか近代の150年程度にすぎない。これが日本人にシナ、コリアのことがよく分からない大きな理由になっている。

李氏朝鮮は「藤原時代」のようだ

日本の統治前の1902年夏、朝鮮を旅行して実情を見聞きし、資料を集めた経済学者・福田徳三《とくぞう》の論文には、次のようにある。現代文に直して掲げる。なお原文は、古田博司ウェブサイトに掲げてある（URL:http://www.u.tsukuba.ac.jp/~furuta.hiroshi.gm/seiron.pdf）。

〈韓国の農業の技術の極めて幼稚であること、その収穫の甚《はなは》だ寡少《かしょう》であること、ともにその最大根本の原因は所有権の存在しないことである。（中略）商業もまた同じだ。直截《ちょくせつ》な言語をもって言えば、韓国には商人が存しないのである。ただ定期に各所で輪番に開かれる市と、この市に出入りする行商（多くは負褓商《ふほしよう》）と、これの対手である生産者または消費者とがあるだけだ。ただ、京城、平壌、開城（松都）その他の重要な都邑《とゆう》の地については、商廛《しようてん》（＝商店）と商人がある。しかしこれは或《ある》いは直接消費者を相手とする消費（小売）商であるか、そうでないものは官府の貢進物の売買をもって業とする御用商人のみである〉（『内外論叢』第4巻第1号、明治38年2月11日発行）

福田は相当に驚いたらしく、李氏朝鮮をまるで藤原時代のようだと言っている。だが、実は今では驚くことではない。朝鮮は李王の国であり、全土は王土である。従って所有権はない。大土地所有が許されないので、王朝に対抗できる勢力は育たない。山も王土だが誰も見張る者がないので、民衆は木を切って薪《まき》にし、山はいつしか禿山《はげやま》になった。どのみち寒冷地帯の木なので薪にするしかなかった。故に韓国にスギ花粉はない。

王土は「行き止まりの廊下」なので、北の国境を塞《ふさ》いで防衛した。塞がないと、人は満洲族に狩られて満洲で農奴にされる。塞いでも李朝では何百人規模で連れて行かれた。こういう「歴史態」（後述）が北朝鮮の外国人拉致に影響を与えている。経済的にも塞がないと、満洲・シナとの自由交易で、土地の瘦せた朝鮮には一次産品しか売る物がなく、飢餓輸出になってしまう。自由交易だった高麗《こうらい》時代には、国内銀を売り物にした結果、14世紀には国内の銀鉱は掘り尽くされてしまうのである。

李朝では国内の流通は定期市に出入りする行商人により担《にな》われていた。都市では私的な店は禁止である。自由交易が起こると満洲・シナ経済に呑み込まれることを前代までの知識でよく知っていた。しかし自由交易がなければ国は貧窮化《ひんきゅうか》する。そこで王宮や官衙《かんが》、上級の両班《ヤンバン》のためだけの御用商人が発達した。

御用商人たちはシナへの朝貢の使節に人夫《にんぷ》・馬夫《ばふ》身分に身をやつして200とか300人単位で付いていき、北京の賓館にシナ商人を呼び込んだり、瑠璃廠《るりしょう》（新華街）や隆福寺の市場でショッピングをしたりした。これが「朝貢」の本当の姿である。シナの文明など慕って行っても何の得もない。ただ慕って行くふりをすると、シナの王朝から人数分ご褒美が貰えた。これを賞賜《しょうし》あるいは回賜という。これも御用商人の売り物になった。

御用商人の朝貢ショッピングを支えたのが、対馬《つしま》交易でシナの白糸や絹織物を対価として得た日本銀であった。日支間で長崎貿易が始まると、銀が入って来なくなったので、紅《こう》蔘《さん》（紅い朝鮮人参）を栽培してこれに代えた。そして北京の典當舗《てんとうほ》（両替屋・質屋）でシナ銭に替えて買い物をした。

「古代国家」だった日本統治前の朝鮮

察しの良い方はもうお分かりと思うが、これは古代である。中世では全然ない。中世とは少なくとも人々に土地の所有観念が生まれていて、土地の奪い合いが起こる。奪い合いから武装集団が生まれ、傭兵《ようへい》が雇われ、土地を戦いとって大土地所有が生まれ、各地に独立採算の領主制が生じて、城が築城される。古代しかなかった国には、各地に城がない。首都に一箇所王城があるだけである。

一番分かりやすい日本とコリアの歴史の相違を、読売新聞論説委員の森千春氏が次のように教えてくれる。

「日本は、戦国時代、江戸時代に封建《ほうけん》制を経験しています。徳川幕府が支配していたとはいえ、地方ごとに藩主がいました。／李氏朝鮮と呼ばれる朝鮮王朝は、封建制ではありません。中央集権です。／封建制の歴史の有無の違いは、ソウルと東京のデパートの地下の食料品売り場に行けば、目で見ることができます。／東京のデパ地下には、地方の名産品が豊富です。地方ごとの歴史から生まれた名産です。この豊富な品揃えは、ソウルのデパートでは見られません」(『ビジネスパーソンのための世界情勢を読み解く10の視点――ベルリ

ンの壁からメキシコの壁へ』ディスカヴァー・トゥエンティワン、2017年、26頁)

日本では、近代になると、土地の奪い合いは武力ではなく、資本主義に則《のっと》った買収によって行われるようになる。武闘にならないように法が所有権を確定する。中世段階は日本にもあったが、自然に近代段階には移行しなかった。移行できたのは西欧だけである。おそらく、契約という概念が、約束の向こう側にあるのだろう。

分業は自然に約束を生む。何故ならば、信用がなければ、他業種を他者に任せられないからである。他業種を信用し、工程を分業し、約束という納期を守らせる。分業のあるところには、約束と信用が生まれるのである。日本は分業を根拠とする国なので自然にここまでは行けたが、この先は自力では行けなかった。資本主義と法の支配の近代は、明治になって西欧から移植されたものである。

中世のなかったシナやコリアにはこの分業がうまくできない。領主制というのも、土地に根拠をおいたある種の分業である。全土を分割して、各地の領主に任せる。しかし全土が王土の国では中央に対抗する地方勢力は生まれにくい。生まれても反乱と鎮圧を繰り返し、王朝が転変するだけなのである。これを私は、「東洋的専制」と呼んでいる。ちょっと堅めに定義しておくと、次のようになる。

「東洋的専制」の国家では、分業の概念を元来持たないため、自律的な組織や共同体が重層的に形成されることがなく、経済は粗放的であり、広範な大衆はアプリオリな血縁関係以外の凝集力《ぎょうしゅうりょく》を有さず、総体として専制的に隷属《れいぞく》せざるを得ない。

総体として専制集団や専制者にルーズに隷属し、当該地域の経済・政治の責任ある主体であることを自ら好んで回避する。結果として社会的な信用や約束、ひいては契約関係が育つことがなく、凝集力を欠いた社会の上に専制集団が派閥含みで君臨し、その不断の闘争による政権交替のみが腐敗除去の浄化装置となっている。

つまり、言いたいことは、東アジアは近代に突入する前から、異時代国家群だったということである。シナとコリアは古代、日本は中世だった。福田徳三まで戻れば、日韓併合後の１９１８年、コリアを旅行した作家・谷崎潤一郎がもう一人の正確なコリアの観察者である。

文学者の目は確かだった。「平安朝を取材にした物語なり歴史画なりを書こうとする小説家や画家は、参考の為に絵巻物を見るよりも寧《むし》ろ京城と平壌とを見ることをすすめたい」と言い、京城・平壌の宵闇《よいやみ》迫る頃の鵺《ぬえ》の羽ばたき、民家の崩れかけた築土の塀を見、女が円座に古風なあぐらをかいて座り、眠い催馬楽《さいばら》のような歌を唄いだしたとき、彼ははたと気づく。「平安の公卿たちの催したうたげと云うものも、恐らくこんな風であったろう」（『谷崎潤一郎随筆選集』第二巻、朝鮮雑感、1951年）と言う。

谷崎は源氏物語の中に華麗なる王朝絵巻ではなく、貧しさの翳《かげ》りのなかに月影のように映える古代美を見ていた。そして、当時のコリアが古代のなかで物憂《ものう》げな生を食《は》んでいたことを直観したのだった。

東洋を理解するための「満鮮支モデル」

1894年の日清《にっしん》戦争の敗北により、否応なく近代へとその歩を促されるまで、東洋は一貫して古代の淵に沈んでいた。ところが、その淵は決して穏やかなものではなく、相互の絶えざる牽制《けんせい》によって小競り合いを繰り返し、辛うじて均衡を保つような類《たぐい》のものであった。

この舞台でのアクターは、即ちシナ・コリア・マンジュ（満洲）の三者であった。子宮型のシナは太古から文物が溜まり、周囲を圧倒する経済圏であったが、その主は征服によって容易に交替する「主の替る壺」である。その北東の卵管、山海関から満洲へと路が伸びた先に、モンゴルの作った高麗人コロニー、遼陽があった。ここはシナ侵攻の拠点であると共に防衛の拠点でもある。更に満洲から南下して渡河すれば、そこは「行き止まりの廊下」コリアが日本との海峡まで垂下《すいか》する。そして、その先は朝鮮海峡、対馬海峡、そして潮逆巻く玄界灘が東洋から日本群島を厳格に隔離していた。時は14世紀後半、元が明に替わると、高麗も李朝に替わった。明は元末の紙幣濫発《らんぱつ》によるインフレーションに懲《こ》り、国初は抑商政策から始まった。李朝も同じだった。

明は元の作った満洲の遼陽の軍屯を占拠し、北方に追いやったモンゴルの空白を狙って南下する満洲族に対抗するため、李朝に牛馬を大量に求めた。1万頭、3万頭などという厖大《ぼうだい》な数であり、李朝は分割払いにするのに骨を折った。15世紀後半、北方防衛の補給の為、明は抑商政策を転換し、銀の使用を許し、商人の力に頼るようになっていった。他方、李朝は抑商政策を続け、国境を閉じ、国内は現物経済のまま近代に至った。

南下してきた満洲族は李氏朝鮮の国境沿いに集まり、明によって安堵《あんど》された。鴨緑江《おうりよくこう》対岸に住んだものを建州衛《けんしゆうえい》、豆満江《とまんこう》対岸に住んだものを建州左衛《さえい》という。建州衛は李朝に食糧を要求し、断られると河を渡り、民を掠取《りやくしゆ》した。満洲族は満洲の大地を移動し、定住する時には砦《とりで》のような屋敷群を築いた。農地を持ち、そこで拉致《らち》してきた明人や朝鮮人を農奴《のうど》として働かせるのである。李朝が交通を遮断すると、建州衛は対抗し、1425年、明に第一次朝貢を行った。これは明の臣下になったということであり、これより李朝と満洲族との臣下同士の争いが始まるのである。

李朝は1433年、約1万5千の兵で鴨緑江を渡り、建州衛の非戦闘員を大量虐殺した。これを世宗《せそう》15年の役という。明は激怒した。李朝は明の臣下なのだから、勝手に戦ってはいけないのである。これを「礼《しきたり》」という。礼儀作法が分かっていないというので、シナは叱るのである。

更に李朝は1437年、約8千の兵で建州衛の砦を急襲した。察知され、逃げられて失敗する。これを世宗19年の役という。李朝は明にお伺いをたてるのだが、明は征伐するなという命令を既に出していた。この漢文の勅《ちょく》を「しても良い」というふうに、李朝では勝手に読み代えたのである。李朝は、「夷狄《いてき》は人と禽獣《きんじゅう》の間だ」(『朱子語類』巻四、人物之性気質之性)と唱える朱子学で理論武装していた。建州衛は明に訴えたが、明は李朝を黙認し、建州衛に自重を促《うなが》した。

「華夷秩序」が韓国の「告げ口外交」の原点

他方、弱体化していた豆満江対岸の建州左衛では、建州衛との合体を明に願い出て許可を得るが、李朝が反対したので下手《したて》に出て、１４３４年、１４３９年と李朝に二度朝貢し、李朝から官職を授けられた。明は怒って李朝に通告し、建州左衛の方には李朝との断交を命じた。なぜなら明と李朝とは宗藩《そうはん》関係のため、李朝は他国を朝貢させてはならないのである。というのも明にとって、朝鮮は「東藩」（領国の東を鎮《しず》め、王家の護りとなる王侯）であり、建州衛は明の臣下となったと言っても、あくまで「外の人」である。私的に交流してはならないのだと、後に同様のことが繰り返された時に明は李朝を説諭した（明英宗実録、天順３年〔１４５９年〕2月22日条）。これが宗藩関係の「礼」というものである。

何を言いたいのかといえば、古代の東洋で通例であった礼というのは、今で言えば外交の作法のようなものであり、その背後には対立、襲撃、臣下の告げ口、王のお叱り（実は牽制）等があったということである。要するに東洋の国際関係とは、王国内の王と臣下たちの日々の関係を、東洋全体の国同士の関係にまで拡張したものなのである。そこに忠貞の濃淡を設けて格付けした。これをテクニカルタームで「華夷《かい》秩序」と呼んでいる。そこにおける行動パターン（歴史態）が抜けきれないので、韓国は今でも告げ口外交を繰り返すのである。

何故このような関係になったかといえば、シナの経済力も武力も技術力も、他を圧倒していたからである。シナから貰うのでなければ、コリアは衣を縫う針一本作れなかった(鄭東愈《ていとうゆ》『晝永編《ちゆうえいへん》』一、1805年、ソウル大学校古典叢書59頁)。マンジュに至っては、略奪するのでなければ、鎌一振り作れないのである。李朝は満洲に派兵しても、せいぜい1万5千の兵、明は5万の兵を朝鮮の役の時に援軍で送ってきた。この軍事力の差もある。但し、この時の豊臣秀吉軍は、13万人で玄界灘を渡って来たのだから、日本とは比較にならない。あくまでも、日本よりはるかに貧しく弱い東洋諸国の歴史である。今から約100年前でも、そこはまだ古代であった。

李朝は、勿論シナの「礼」に潜んだ策略を冷静に悟っていた。「蛮夷《ばんい》に蛮夷を攻めさせるのは、中国の勢いであり、すなわち今日の中国の謀《はかりごと》だ」(世祖実録、世祖2年〔1456年〕2月18日条、世祖の朝議での発言)。だが、満洲族との衝突の種は、いつも朝鮮側だった。1491年には、渡河して殺害事件を起こし、復讐戦を仕掛けられると、満洲族に書を送って脅した。「堂々の大国が、どうして座して侮辱を受けるだろうか」(成宗実録、成宗22年〔1491年〕7月15日条、成宗の書簡)と、まるで大国気分だったが、逆効果で、猛烈な満洲族の侵攻を招いた。「大国気分」というのが、コリアの周辺国に対するスタンスであり、他方、周辺国のコリアに対するスタンスは「嘲笑《ちようしよう》」である。

満洲族は隙《すき》あらば人、馬、牛と食糧や農具等を掠奪《りゃくだつ》し、李朝や明の攻撃が激しければ朝貢の懐柔策を受け入れて兵を引いた。朝貢でも物が貰えるのは同様だからである。明は李朝との宗藩関係により、李朝を忠義の臣下として庇護《ひご》しつつも、李朝と満洲族との交通を遮断し、対立を放置することで「夷を以《もっ》て夷を制する」スタンスをとったのだった。

「誤魔化し」で生き延びてきた朝鮮

朝貢では使節の人数分ご褒美をくれるので、300人だったものが500人という具合に、時代が進むにつれてどんどんと人数が膨れあがっていった。財政が逼迫《ひっぱく》したので、明が朝貢を中止すると、北方民族はすぐに遼東辺墻《へんしょう》（遼陽防衛の土塁と木柵）を越えて掠奪に来た。

明の正統年間には、モンゴルのオイラト族が朝貢の人数を水増ししたことがばれて、明と戦争になった。保安の近くの土木堡《どぼくほ》で、明帝英宗の率いる軍と衝突し、英宗が捕まってしまい、身代金を要求された。だが明では、弟が既に王位についており、身代金を拒否されたので、オイラトは仕方なしにただで返した。シナにとっては、あってはならない変事なので、これを土木の変（1449年）という。こんなにもシナの地形は打たれ弱いのだ。

李朝はこのとき、明に軍馬3万頭を要求されたが、ごねて5回の分割払いで計9千頭までまけさせた。援軍の要請は、外征すれば倭人《わじん》が乗じてくるから行けないと言って誤魔化した。この誤魔化しを漢文で「搪塞《とうそく》」策という。李朝にとって心配なのは、あくまでオイラトの朝鮮侵入であり、安全保障の方がシナとの宗藩関係より上だった。

1466年の12月から翌年の4月にかけて、満洲族の掠奪は熾烈《しれつ》を極めた。明軍は遼陽の兵を合わせて、5万の大軍で明朝初の満洲征伐を行った。これを成化《せいか》3年の役（1467年）という。李朝には銀、酒、牛、羊、豚などをやるから援軍を出せと伝えた。明の征伐は建州左衛のみで、満洲族600人を殺し、農奴となっていた明人1千名を奪回した。李朝は敢えて明と共同戦線を張らず、建州衛の60~70人の集落を襲い、適当に誤魔化し帰還した。李朝に与えられるはずだった明の銀と家畜も支払われた形跡はない。

李朝では、自分たちは王朝を開いている分、満洲族よりはずっと偉いのだと自認し、彼らを「北狄《ほくてき》」「戎狄《じゅうてき》」「野人」と呼び侮蔑し、彼らの前では自らを「大国」と自称した。他方、明に対しては自分たちを「我国」と称し、明を「中国」と敬《うやま》った。とにかく圧倒的な力の差であるから、敬わないわけにはいかない。むしろその権威にすがって、国内を引き締めた。

朝鮮にはそもそも権威がない。「行き止まりの廊下」なので、国民を守れたことがないのだ。民衆が為政者を信じたこともないので、今も昔も強権政治である。

ところが17世紀になると、東洋に大きな変化が起こった。朝鮮がこれまで侮蔑してきた満洲族が李朝を撃破し、シナ地域に侵入して征服するということが起こった。ヌルハチ、ホンタイジ親子による清朝の始まりである。勢力を伸張してきた満洲・モンゴル連合軍に対し、明は李朝に援軍を要請した。李朝はこの度《たび》は誤魔化せなかった。撫順《ぶじゅん》近郊のサルフで両軍は激突した。朝鮮兵は敵の勇猛さに恐れをなすと、旗を皆隠し、命乞いをし、明の兵を皆捕らえて丘の下に転がしたので、明将は自害した（『満文老檔《まんぶんろうとう》』I、133～134頁）。満洲軍は1625年、ついに遼東を制圧した。

ヌルハチが没すると、子のホンタイジがハンとなった。北方民族の東洋攻略は、シナに先立ち必ずコリア攻略から始まる。何故ならば、これを先にしないと挟撃されるからである。まずコリアをとれば、捕獲した人間を兵にできるし、食糧も確保できる。一挙両得であった。

侮蔑していた夷狄が朝鮮の主人になった

ホンタイジは朝鮮国境の義州城《ぎしゅうじょう》を落とすと、将兵の一部を江華島《こうかとう》に送った。ここには李朝の王族の為の逃亡用の王宮があることを知っていた。清将が泥人形のように固まった朝鮮王を囲み、かつての無礼を罵《ののし》ると、王は「我は知らない。我らの諸大臣が言ったことである」（同Ⅳ、48頁）と臣下のせいにした。

その後、清が李朝に軍資金を供出させようとすると、十分の一だけ払ってきた。使者を送り、満洲とモンゴルの諸王の親書を渡そうとしたが受け取らなかった。これは２０１２年8月23日、李明博《イミョンバク》元韓国大統領の竹島上陸や天皇陛下への謝罪要求に遺憾の意を表明した、野田佳彦元首相の親書を拒否した非礼を彷彿《ほうふつ》とさせる。これが先述した「大国気分」のスタンスである。

さて清の使者は監視下の城を脱出すると、途中朝鮮王の使者に出会い、その勅書《ちょくしょ》を奪った。そこに「強弱存亡の形勢を計らず、正義をもって断絶し、書を受け取らず、断固として拒否した」（同Ⅵ、９７０頁）とあったため、怒ったホンタイジは第二次朝鮮征伐を決意した。奉天を発し、朝鮮半島の「行き止まりの廊下」を2週間で快走し、ソウルを落とし、逃げる王を追って南漢山城《なんかんさんじょう》を包囲すると、李朝はあっけなく降伏した。王の仁祖《じんそ》は、南漢山城から引きずり出された。

『清太宗実録』崇徳《すうとく》2年（１６３７年）正月戊辰《ぼしん》条に、李朝降伏の「城下の盟約」17条が記されている。悔しかった事実を隠したかったので、李朝の正史にはない。いくつかを要約する。
○明国と交際を断つ。
○王の長子ともう一子を人質とする。
○諸大臣の子を、子の無いものは弟を、人質とする。
○清に朝貢すること。
○明征伐に朝鮮の歩兵・騎兵・水兵を徴発する。合戦の日にわざと遅れないこと。
○相互に通婚し、融和すること。
○新旧の城の垣は勝手に築かないこと。
○毎年1回は貢物として、黄金100両、白銀100両、茶1千包、腰刀26振、五爪龍蓆《ごそうりゆうせき》(皇帝のシンボル、五つの爪の龍柄の蓆《むしろ》)4領等々、を持ってくること、とある。
李朝では早速、清に送る公文書では、自分を「小邦」、清を「大朝」「大国」と改称した。

侮蔑していた夷狄が、朝鮮の主人になった瞬間であった。

「引き延ばし」も朝鮮の常套手段

まず大臣たちの子を人質にして清に差し出す約束だが、妾《めかけ》の子や遠縁のものに替えて誤魔化した。城の垣は繕《つくろ》わない約束だが、密かに南漢山城を修築し、大砲を鋳造《ちゅうぞう》していたのが密告でばれた。清から王の長男を明征伐に連れて行き、軍中に投じると脅されたので、諦めて城と砲を壊した。

王の長男と次男は護送され、満洲の瀋陽城内の高麗館に人質として収容された。李朝では長男を取り戻そうと、三男との交替を願い出たが許されず、代わりに王孫を送って来いと言われた。そこで1640年、朝鮮王は5歳の王孫を瀋陽に送った。その後、清は、3人の王子と王孫を交替で人質にとった。1644年、清が北京に入ると、李朝の人質はすべて返されたが、満洲人化した長男は朝鮮王に疎《うと》まれ、宮中で密かに毒殺された。

人質の次は、「相互に通婚し、融和すること」という盟約により、王と官僚の一族との婚姻を要求された。度重なる清の使者に、李朝は妾の子で8歳とか12歳とかを名簿に羅列し、育つまで待ってくれと引き延ばし策をとった。下臣たちは王に、「王様、遷延《せんえん》でよろしく、遷延でよろしく」と願った。これを漢文で「遷延」策という。現代の北朝鮮が拉致被害者の再調査報告を出さずに引き延ばしたのも、韓国がセウォル号顛覆《てんぷく》事件（2014年）の沈没船引揚げを引き延ばしていたのも、この手法である。

そのうち、満洲軍の将兵が連れ帰った捕虜の朝鮮婦女が文化が合わず「怨苦の患」となったので、ホンタイジは1640年、婚姻を諦め、停止を命じた。文化が合わなかったというのは、朱子学の教育のせいである。朱子学は南宋の朱子が考えた統治思想で、偉い人ほど体内の理が澄んでいて、下郎ほど気が濁っていて理の輝きを妨げる。前者は後者を統治して当然だというトンデモ思想である。満洲族は、李朝にとって野蛮人、禽獣なので、下郎の下にあたる。この侮蔑により、李朝は高麗とは異なり、異民族の同化を何とか跳ね返したのだった。李朝婦人は迫る満洲将兵に、「夷狄《オランケ》め、下がりおれ《ムルロガラ》！」とでも言ったのだろうか、だがこれは私の推測にすぎない。

1637年に、清帝に侍女を差し出せと要求されると、盟約中にないと主張したが、拒み切れず10人を送った。女たちを宦官《かんがん》が連れて瀋陽に入ると、見るからに良家の子女ではない。直ぐにばれて、何者かと問われると、「各道で選び送った女人で、王宮の奴婢《ぬひ》・各役所の奴婢・妓生《キーセン》・酒場（の女）だ」（『瀋陽状啓《ぼいん》』戊寅年〔1638年〕8月24日条）と、平然と答えた。夷狄にはこれが相応《ふさわ》しいという、「大国気分」スタンスが抜けない。

李朝は清帝の怒りを知り、担当の大臣を瀋陽に急派した。大臣は「我国の妓は中原の養《ヤン》漢的《ハンタ》（遊女）とは万も近似ではない。名を官にかりるが、その実良女である。それで我国の士大夫《したいふ》は妓を妾にしない者はいない。子をうみ、孫をうみ、科挙《かきょ》試験に受かる者もいる」(同、9月3日条)と誤魔化し、丁度通訳が満洲化した朝鮮人だったので、うまく説明しろと恫喝した。

次は「明征伐に朝鮮の歩兵・騎兵・水兵を徴発する。期日にわざと遅れないこと」という盟約の一条である。これには国を挙げて対明参戦を嫌がった。「君臣の礼」に反するというのだ。1638年、清は5千の兵を要求し、8月25日の期日を限り、遅れれば世継ぎの王子を従軍させると脅してきた。結論から言うと、李朝は300人を満洲の鳳凰城に送ったが、9月3日に至っても軍兵の大半が鴨緑江を越えなかったのである。これを漢文で「違誤師期《いごしき》」策という。期日を間違えたと言って誤魔化したのだ。怒った清帝ホンタイジは王子を山海関一帯の戦いに従軍させた。幸い大勝したので許し、軍兵を還した。

1639年7月には、京城の都で両班《ヤンバン》たちが騒然とした。「倭に来るを請うを欲するに至る。また江都に入保せんと欲す」(仁祖実録、仁祖17年7月22日条)。つまり、日本に援軍を頼もうと言う者や、江華島に逃げ込もうとする者が次々に出たということである。約50年前に豊臣秀吉軍に攻め込まれたことも容易に忘却していたということか。あるいは、女真《オランケ》より倭奴《イエノム》(現代語ではウェノム)の方がマシだと思ったものか。

1640年に清は、5千の水兵を4月25日までに、大小遼河に集結させよと言ってきた。李朝はこれに115艘の船で応えたが、嵐で難破し座礁して壊滅してしまった。1500名の水兵が生き残り、錦州衛に留め置かれ、その扶養米を清に要求されると、三南地方（慶尚・全羅・忠清道）から搾取した。王が叛乱《はんらん》を危惧《きぐ》すると右大臣が官を派して、同地の農民に「優賚犒賞《ゆうせいこうしょう》の物」（優れた賜い物と労《ねぎら》いの賞）を既に配ってあるので、「衆情また深く怨むを致さず」（仁祖実録、仁祖18年10月2日条）と報じた。コリアの為政者は自国民にまで搪塞策を用いるのである。これは今でも、北朝鮮の為政者が地方の農民に「愛の贈物《サラン・エ・ソンムル》」と言い、貴重な電化製品等を贈ることに引き継がれている。

以上がシナ・コリア・マンジュの3つのアクターによる、14世紀後半から17世紀前半まで、約300年間に亘《わた》る東洋外交の史料分析と満鮮支モデルである。私の歴史観は、「民族や国民の行動パターン（歴史態）は反復されるが、その根拠は地政学にある」というものであり、その他の停滞史観、発展史観、循環史観ではない。

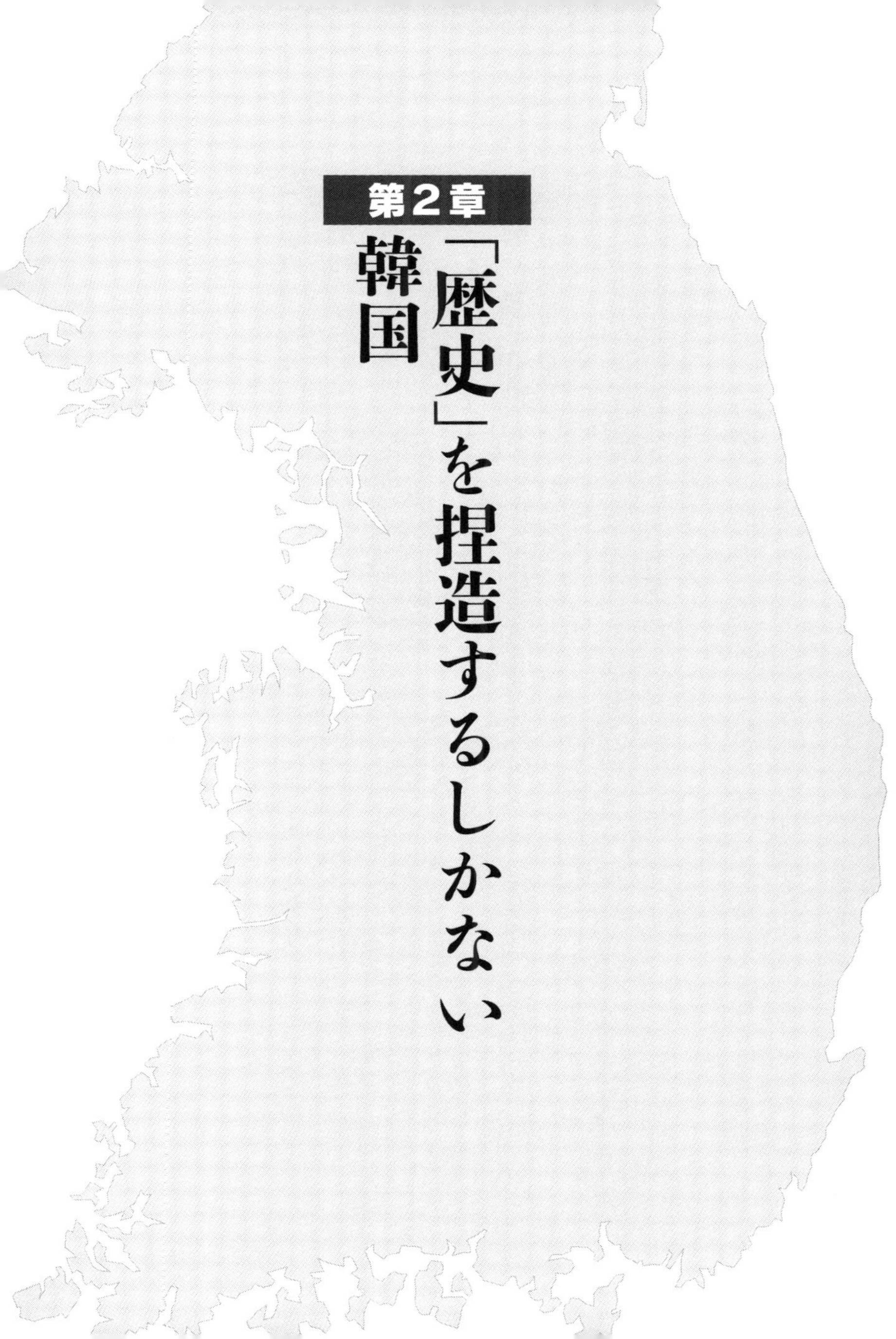

第2章

「歴史」を捏造するしかない韓国

朝鮮には国風文化の歴史がない

韓国の歴史教科書には次のような記述がある（傍点は引用者による。以下同じ）。

(1)倭族は大概東北アジア系統の族属と南洋族そしてアイヌ族の雑種だった。彼らは一時代には今日の九州と本州西部にかけて部落諸国家を成していた。彼らのなかで特に大陸に近い部落に住む倭人は三韓から文物を受け入れ、再びわが三国時代に至り、倭人《わじん》は主に百済《くだら》を通じ漢学と仏教と各種技術の同文物を受け入れた。（金サンギ・閔ソッコン著『人文系高等学校世界史』乙酉文化社、1974年）

(2)漢の武帝が中国東北地方から朝鮮半島北部にわたって建てた漢の四郡はわが国の一部ではあるが、この異民族が統治したという点で確実に望ましいことではなかった。しかしわが祖先たちはこの試練の時期を通じ、わが民族の団結力をかため、彼らが持っていた社会秩序と科学技術をはじめとする各種文化に接し跳躍の足がかりとみなした。（文教部著作、韓国教育開発院『高等学校世界史』大韓教科書株式会社、1979年）

(3)わが国の中国文物輸入において、受動的な側面を止揚し、能動的な側面を強調することが望ましい。すなわち、儒教・仏教の伝来と仏教美術の発達、官制の受容と制度のわが国化など、すべてをわが実情に合わせて変形した次に、これを再び日本にあたえた事実に注目する必要がある。（李ミンホ・申スンハ著『高等学校世界史　教師用指導書』志学社、1990年）

(4)このような唐の統治制度はこの後中国歴代の王朝の模範となったのみならず、わが国をはじめとする東アジア諸国に大きな影響を及ぼした。（中略）新羅《しらぎ》と渤海《ぼっかい》は先進的な唐の文化を積極的に受容し、中国、日本とともに東アジア文化圏を形成することになった。（呉チャンフン他三名著『高等学校　世界史』志学社、2003年初版、2007年2版）

通底する歴史観をまとめておけば、「韓国の歴史が漢四郡の異民族統治から始まること、中国の文物を輸入して国造りをしたという受動的な側面は思考停止し、まずは遅れた日本にそれを変形し、あたえてやったという能動的な側面を強調し、わが国を中心とする東アジア文化圏が形成されたということを知らしめる」ということになろうかと思われる。元より無理のある歴史観であろう。

朝鮮半島の韓国人の祖先が儒教・仏教・算術・暦学、総じて漢学を発展させていた同時期に、日本文明圏はかなり遅れていたことを、日韓の左派学者たちはわれわれに敢えて喚《かん》起《き》しようとする。事実というほかないが、これらは議論にはなり得ようがない。なぜならこの論法でいけば、気高い韓国全羅道《チョルラド》は日本の関東地方より優れていると言わなければならなくなるからだ。

論をつめれば、『論語』『千字文《せんじもん》』（6世紀前半の成立が実証されている）を日本に伝えたといわれる百済の和邇吉師《わにきし》（王仁《わに》）が全羅道で5世紀に生まれた頃、関東地方ではツチグモとかヤソタケルと呼ばれる倭族が地べたに腰をおろし、そのまま1400年もの間ペリーの黒船がやってくるのを待っていたということになる。そんな現実はあり得ようがない。誰をおとしめるわけでもないが、今日、東アジアの中心都市は関東地方の東京であり、全羅道の光州《クアンジュ》市ではないのである。

それでも韓国人は自分たちがかつては文化的に卓越していたのだと主張する。だが、日本文明圏で、7世紀後半から8世紀後半ころに『万葉集』が、8世紀には『古事記』『日本書紀』が編まれ、平安末期に源氏物語絵巻、鳥獣人物戯画、信貴山《しぎさん》縁起絵巻、伴大納言《ばんだいなごん》絵《え》詞《ことば》の四大絵巻物が完成するような文明が、朝鮮半島で花ひらいたという証拠はどこにもない。

また、半島ではようやく12世紀に正史『三国史記』、13世紀に野史『三国遺事』が登場するが、三国時代（4〜7世紀）から統一新羅時代（7〜10世紀）にかけての前者の記述に、「律令《りつりょう》」ないしその編目名らしきもの、さらには律令に改変をくわえた条文を集成した法典をさす「格」という文字が見られる。そこで半島の諸国でも、中国と同様の律令制が採用されていた、つまり「律令国家」だった、という主張が韓国でなされたことがあった。

しかし、これらの用語は史料の文脈上、法令をあらわす一般的な用語ととらえるべきであり、少なくとも唐や日本と同様の「律令」を統一新羅が編纂《へんさん》・施行したことはなかったというのが現在有力な説となっている。唐と同様の体系的法典を編纂・施行したのは、当時では日本だけだったということが、現時点では学会の穏当な考え方だといえよう。

さらに高麗《こうらい》時代（10〜14世紀）となると、『高麗史』『高麗史節要』（両者の内容はほぼ同じ）、ならびに益斎集《えきさいしゅう》や補閑集《ほかんしゅう》のような李朝期の子孫が櫃底《ひってい》から見いだした乱稿のたぐいしか史料として残されていない。『高麗図経』という、シナ宋代の使臣がのこした風俗記録帖があるが、肝心の図が失われているため、人びとが当時どのような着物を着ていたのかも分からないのである。韓国のテレビ時代劇に出てくる高麗時代の衣装は、ぜんぶ推測の産物にすぎない。

『高麗実録』というものも確かにあったと記録にはあるが、李朝に入って王権簒奪《さんだつ》の正当化をはかるべく、ひとたび『高麗史』の編纂を終えるや、断爛《だんらん》の一片紙をだに残すことなく火にくべられた。べつに自らを誇るわけではないが、その後の『李朝実録』が丸ごと残ったのは、近代日本が朝鮮に入り、史料保存に誠心つとめたからにほかならない。

李朝時代（14～20世紀）の文芸に至っては、朝鮮古典文学の研究者による小説225種についての分析で、朝鮮を背景とする作品はたったの71種だという。しかもそれは主人公が朝鮮出身者であるものの数であり、物語の主たる舞台が朝鮮の特定地域であることを明示したものに限れば、わずか20種にすぎない。その数値がなにを意味するのかといえば、野崎充彦《みつひこ》氏は朝鮮小説における朝鮮自体の「不在」だといっている。ではこれらの小説はどこを舞台とし、誰を主人公としているのかといえば、それはシナ大陸であり、シナ人が主人公になっているのである（野崎充彦「朝鮮時代の古典資料と芸人譚」染谷智幸・鄭炳説編『韓国の古典小説』ぺりかん社）。

率直に述べるならば歴史上の朝鮮は、中華文明に対する他律的な文化しかもっておらず、国風文化はついに育たなかったと言うべきであろう。

根本の要因は後述するが、取りあえずの理由としては、李朝漢文はシナ魏晋《ぎしん》南北朝時代の四六駢儷体《しろくべんれいたい》という易しい漢文が主体で、高度な文化内容を展開するには無理があったこと。経済は明朝初期の反商業政策を受けつぎ、流通は主に粗放なる市場と行商人が担《にな》っていたこと。農村には村界がなく、流民化した民が食える村に集まっては有力者の下で農奴となって生活していたこと。とどのつまり、彼らが５００年間の貧窮のなかに閉ざされていた事実が挙げられようか。芸術面で今日の韓国人の誇るレアリズム絵画すら、李朝の18世紀に宮廷画家、金弘道《キムホンド》・申潤福《シンユンボク》らの画風がにわかに発生したが、わずか1世紀の間で絶えてしまった。詳しくは、拙著『日本文明圏の覚醒』（筑摩書房、単行本、２０１０年）を御覧いただければ幸いである。

また、日韓の左派学者たちが古代における両国の活発な交流を仮構《かこう》するのにもいささか無理がある。日本海は今も昔も渡航がむずかしいのである。日本海と玄界灘が半島と列島の間に横たわっている限り、古代における活発な交流も通訳を必要としないほど言語が同一だったという憶測も、本来はまったく意味をなさない。

すでに7世紀には通訳が必要であったことが明らかである。『日本書紀』天武《てんむ》天皇９年（６８０年）11月24日条に、「新羅遣沙飡《ささん》金若弼、大奈末《だいなま》金原升進調、則習言者三人、従若弼至」と見える。新羅の沙飡という官職の金若弼と大奈末という官職の金原升が貢ぎものを持って日本にやって来て、金若弼には三人の日本語研修生が伴われていたと書かれている。その後、15世紀にパスパ文字の原理を借りて独自のハングル文字を作りあげるまで、この国の言語を表記する体系は漢文しかなかったのであり、新羅語・百済語・高句麗《こうくり》語・高麗語がどのような言語だったのか、今日ではまったく見当もつかない。

このように日韓の左派学者たちの幻想と虚構、その動機となる共通文化の存在にかけた期待は、せいぜい船による漢籍の往来と、亡命帰化人の土着ぐらいを現実のものとして把握しておけば十分であり、過度の想像は控えなければならないだろう。

以上の記述は、べつに悪意をもって書かれたわけではない。冒頭に掲げた韓国歴史教科書の歴史観がいかなるものであっても、彼ら自身のうちでそれを信じ奉じているだけであれば、何もいう必要はないと心得る。だが、そうではない。彼らは絶えず歴史問題を政争として惹起《じやつき》し、その無理ある歴史観をわれわれ日本人に押しつけようとするのであるから、これは明確に言葉の暴力である。暴力には事実の楯でこれを防がなければならない。

中朝の特異な共闘史と朝鮮の他律性

ふたたび韓国の歴史教科書にもどろう。

(1)戦争は日本の勝利となり、下関条約が結ばれ朝鮮の独立が認められた。かくして朝鮮は中国の支配を脱して、独立し、大韓と呼ばれた（1897）。（青佐鎬著『中等世界史』英志文化社、1959年）

(2)朝鮮は再び侵略を受け（丙子胡乱）、半属国になってしまった（1637）。（金聲近著『高等世界史』高等学校2、3学年用、教友社、1962年）

(3)以後日本は朝鮮の外交権を強奪し、軍隊を解散させ、朝鮮は名目上の独立国としては転落し、ついに1910年には主権さえ奪われ日本の植民地になった。（李ミンホ・申スンハ著『高等学校世界史』大韓出版社、1984年）

(4)日本は（中略）江華島《こうかとう》条約を強要し朝鮮を開港させた後に、日本人の治外法権と関税撤廃などの許諾を得た。（中略）そしてその余勢を駆って朝鮮の主権さえ奪い、大陸侵略の基地とみなした。（呉グムソン他四名著『高等学校　世界史』金星出版社、2003年初版、2007年5版）

(5)サムエル・ハンチントンは彼の著書『文明の衝突』で、わが国を中国の文明に抱含させている。外国人の目には、わが国の文化が中国とあまり差異なく見えるようだ。わが国と中国の文化はどの点が類似し、どの点に差があるのか？（金ウンスク他四名著『高等学校世界史』教学社、２００３年初版、２００７年5版）

韓国では、１９６０年代までは、朝鮮は清《しん》の半属国であり、日清戦争により朝鮮の独立が認められたという認識が普通だった。ところが、70年代のナショナリズムの高揚期を経て、80年代には、もともと名目上独立国だったということになり、２０００年代に入ると侵略者であるはずの日本が朝鮮の許しを得て治外法権と関税自主権を得たというようになった。そしてついに自分たちが何処の文明圏に属していたのかさえ良く分からなくなった。

じつは中朝どちらを理解することにおいても、両者を切り離して考えることは本来あまり意味がない。歴史的なセットとして捉《とら》えるべきであり、あえて総称すれば「中華文明圏」が適切であろう。そして彼らは歴史上つねに共闘してきた。

シナと朝鮮は、アジアにとっても、また世界においても、「特定アジア」というに相応《ふさわ》しい特異な存在だということである。それは周辺国を侮蔑するための共闘であった。

まず中華文明圏は、自らを「天下の主」とし、周辺諸民族・諸国家を侮蔑するが、これが歴代、アジアの紛争の種になってきたことが挙げられる。これを「中華思想」という。

この文明圏は、自らのコスチューム・セレモニー・マナーなどの、しきたり・作法を「礼」と呼び、それによって文明と野蛮を分け、その間に序列を設けた。これを「華夷《かい》秩序」という。第三に歴史上、朝鮮はシナの家来（李朝の王はシナの皇帝に「臣 李某」と書簡を書き送った）で弟子といった存在だが、それは「礼」のような文化概念にまで及んだ。国風文化の覚醒を要しないほど、小をもって大に仕《つか》えたのである。これを『孟子』梁恵王篇の章句からとって「事大《じだい》主義」という。だが、弱者であるため周辺に対する侮蔑は貫徹されず、虚栄心と見栄だけが歴史態となった。これを学界では、「小中華思想」と呼んでいる。

さらに中朝は、なさぬ仲なのだが、くされ縁のように助けあい、状況次第で互いに平然と裏切るがそれを背信として怨むことなく、この関係が中国共産党と朝鮮労働党のように近現代まで継続している。これを「相互不信的幇助《ほうじょ》関係」と呼ぼう。

また、朝鮮は地政学的に「行き止まり廊下国家」を余儀なくされており、守ることが困難なため、為政者は伝統的に無責任な統治要領をつちかい、これも近現代まで継続して見られる。最後に韓国は、日本の統治により中華文明圏から切り離され、さらに戦後38度線で自由主義陣営に切りとられた。いわば二重に「島化」した国であり、その状況から「自立性」を余儀なくされ歪曲《わいきょく》史観に邁進《まいしん》した結果、ついには中華文明圏に属していた過去の記憶をほとんど喪失したものと思われる。ただし中国と地続きの北朝鮮はこの限りではない。

日韓歴史共同研究委員会はひどいものだった

私は、第一期日韓歴史共同研究委員会（2002〜5年）では近現代史班に途中から2年間委員として、第二期同委員会（2007〜10年）では教科書班でチーフとして全期間かかわった。もちろん日本側委員に韓国側の歪曲史観に荷担するものは一人としていなかったものと信じている。日本側の研究レベルは、そもそも彼らの専横を許すほど低くはないからである。

第一期の近現代史班では、

日本側「嘘つくんじゃない。史料見なさい。日本も悪かったが、嘘つくあんたたちはもっと悪い！」

韓国側「エージョンイラン・イッソヤジ（愛情というものがなくちゃならんだろ）！」

などという怒声がこだましていたが、最終全体会議とレセプションで李萬烈《イマンニヨル》代表幹事が、「自国文化を愛する環境の中で学問的な素養を育んだ学者までもが、他国の歴史に対してなぜこう了見が狭いのか不思議でならなかった」「韓国史研究が韓国に対する温かい愛情を前提としなければならないことを強調したい」（日韓文化交流基金PDF参照）と述べたため、日本側のほとんどの委員が心底あきれて終わった。会議後、三谷太一郎《みたに》座長から、なぜ彼らは最後にあんなことを言うのかとの下問があったので、私は、「彼らは引っ越しで家を出るときに徹底的に汚して去る。それでしょう」と答えたことを記憶している。

次の第二期の鳥海靖《とりうみやすし》座長は、個人的に委員に下問することが全くなかった。2007年11月23日、第二回全体会議（於ソウル、ホテルロッテ・ソウル）前日の韓国副総理主催のレセプションで、舞いあがった鳥海座長が「韓国・朝鮮との友好」を高らかに謳《うた》ったため、われわれ専門家は秘かに誤解をおそれた。韓国で「朝鮮」といえば、北朝鮮のことを指すことは常識だからである。

2008年6月7日、第三回全体会議（於東京、ヴィラフォンテーヌ汐留）で、韓国側古代史班の金泰植《キムテシク》委員が功を立てようとして、私と若い某委員が「前回会議で人身攻撃を行った」との根拠のない「名指しの人身攻撃」を行った。われわれは抗議したが、鳥海座長はそれに対して「一人でやってください」と言い放った。会議後、若い委員が「ちゃんと守ってください」と座長に言うと、「不信任出しますか」と言った。これらは他の多くの委員の聞くところであった。この謂《いわ》れ無き攻撃は、同年12月29日第四回全体会議（於ソウル、ホテルロッテ・ソウル）で、重村智計《しげむらとしみつ》委員の激しい抗議により、韓国側趙珖《チョグァン》座長により撤回されることになる。鳥海座長は結局何もしなかった。

その間、鄭在貞《チョンジェジョン》代表幹事が2008年4月19日、朝日新聞社主催のシンポジウム「歴史和解のために」（東京国際フォーラム）で、日韓歴史共同研究委員会について、「半分遊びみたいな人もいる」「国を代表するような正史があって、それを自分が背負っているような振る舞いをする人もいる」（asahi.com参照）などの侮辱的言辞を吐いたが、これを日本側は問題にしなかった。

さらに、教科書問題は教科書班で取りあつかうことに、日韓委員長会議や全体会議で再三確認されていた。その他の班すべてが教科書批判を始めると、今次教科書班を設けた意味がなくなるからである。にもかかわらず、8月8日、近現代史班の分科会で韓国側幹事、朱鎮五《チュジンオ》氏が日本の歴史教科書批判を行った。事態は紛糾したが、鳥海座長は、教科書班以外でも「教科書について一言半句触れてはならないというわけではない」と事態をそらしつづけた。

翌2009年、『アジア時報』の四月号で、私が「韓国『正しい歴史認識』の虚構と戦略

—日韓歴史教科書問題—」をアジア研究委員会座談会記録として公表した。期間中の研究内容の公表は合意違反だといわれたが、これは今次研究報告とは異なる言論活動である。だが、5月14日、韓国外交通商部が駐韓日本大使館政治部担当者を呼び遺憾表明を行った。ちなみに同誌には、権哲賢《クオンチヨルヒヨン》・駐日韓国大使の「今後100年の日韓関係のために」という講演録が収録されていた。

さらに6月、『SAPIO』(5月27日・6月3日併合号)誌にて、「韓国の歴史教科書60冊を精読してわかった 時代が下るごとに肥大化する『自尊史観』」というインタビュー記事が公表される。これも今次の研究報告とは無縁である。だが、5月20日、韓国側から私を分科会から排除するように要求書簡が届く。6月23日には、「李朝インカ帝国説は、古田委員の言論活動が巧妙に拡散している」と、事を危惧《きぐ》する書簡がつづいた。

これらは人事に関する内政干渉であるから、当然日本側から抗議が行われた。そして要求取りさげを求めることが、7月5日の日本側幹事会議で決められた。にもかかわらず、鳥海靖座長と原田環《たまき》代表幹事は韓国側と「問題の棚上げ」を恣《ほしいまま》にし、幹事会の決定を無視する行為に出たのである。その間、韓国側に明らかな合意違反者が出ていた。9月13日の日本側幹事会議概要録では、幹事たちの注視の中、「棚上げ! 棚上げ!」と、代表幹事がさけんだ部分が故意に文案から削除されたため、平仄《ひょうそく》の合わない文言《もんごん》が残った。座長の説明責任はついに果たされないまま終わった。

第二期の日韓歴史共同研究委員会を振り返れば、韓国側が一貫してこれを政争として捉え、「脅し・嫌がらせ・絡《から》み」などの「正しい外交戦術」を迅速に駆使したのに引きかえ、日本側座長と代表幹事は身を低くして、「事を丸く収める」ことに終始したということであろう。

しかし、なぜ事を丸く収める必要があるのだろうか。彼らがこの場を是が非でも成功させ、「人生の晴れ舞台」を飾ろうと欲した可能性は十分にあるだろう。だが、海の向こうで対峙《たいじ》している人々は外国人なのであり、われわれと共同体概念を円満に共有しているわけではないのである。重ねて、彼らの歪曲史観と低い研究レベルでは共同研究にならないことは、もはや誰もが知っている。韓国側の教科書班委員など、4、5冊、多くて10冊程度の教科書資料しか読んでこなかった。彼らは真摯《しんし》さの点でも問題があるのである。

また、第一期のように韓国語のできない世代であれば内通者も少なくてすむが、第二期のように10人近くできる者がいると、もはや筒ぬけで外交にもならない。日本側委員の多くにこれが外交だという自覚が欠けていたことも、私には問題だったように思われる。

「他律性」を「自立性」に読みかえる歪曲史観

さて、先ほど日本の歴史教科書を批判した、第二期委員会、近現代史班の韓国側幹事、朱鎮五氏の歴史教科書の記述ぶりを以下見てみよう。それは、子どもたちに語りかける口調でこう綴《つづ》られている。

わが民族に対する日帝の支配が他の国に比していっそう残酷だった理由――同じ文化圏の中で支配・被支配が成立したことは、他の植民地では見いだすことが難しいことだよ。例えば、イギリスのインド支配とフランスのインドシナ支配などは、互いにちがう文化圏の間に植民支配関係が形成されたじゃない。ところが韓国は日本と同じ文化圏のなかで、長い歴史を誇ってきたため、日本の支配にいっそう自尊心が傷つくことになったのさ。さらに韓国人は、昔日本に先進文化まで伝えてやった文化民族という自尊心がとても大きかったので、日本の支配に対する抵抗が強くなるしかなかったのさ。（朱鎮五他四名著『高等学校　韓国近・現代史』中央教育振興研究所、２００３年初版、２００７年４版）

読者諸兄姉は、韓国と日本が同じ文化圏にいたとはとうてい肯《がえ》んじられないことであろう。韓国は日本に中華文明圏から切りとられることにより、かつて一度、日本文明圏に包摂された。そして大半の昔を忘れたのである。

日韓合邦《がっぽう》時代に朝鮮は年平均3・7%の経済成長を遂げ、民族資本は総督府、拓殖銀行と手を携《たずさ》えて近代化の道を歩んでいた。前半部はソウル大学の李栄薫《イヨンフン》教授により、後半部はハーバード大学のエッカート教授により明らかにされた事実である。ここでの日本の支配の残酷さとは、そのような近代化の大手術のことではなく、自尊心《チャジョンシム》（韓国語では「メンツ」のことを「自尊心」という）に関わることらしい。要するに、シナの威を借りて周辺諸国を侮蔑しつづけた行動パターン（歴史態）が、誤作動しつづけているのである。もともと中華思想には、下国だと思っている国への報恩はあり得ないから、直接謝罪でメンツを回復したいのであろう。

だが、宗主国がかつての植民地に謝罪するなどという国際慣行は、そもそも存在しない。たがいに違う文化圏のイギリスが、植民地だったインドに謝罪したことはない。フランスがインドシナ諸国に謝罪したこともありはしない。また韓国人の祖先が日本に抵抗し独立を勝ち得たという事実もない。独立はアメリカにより棚ぼた式にあたえられた。朝鮮人が日本に「先進文化」を伝えたと言われるのは、今からおよそ1500年以上も昔の話である。くわえて、その文化民族を誇る彼らに文化的要素が見られない。あるならば教えてほしいと思う。私は40年間、朝鮮研究をやってしまったが、晩年となり韓国に読むべき古典や近代文学がなく、現在、髀肉《ひにく》の嘆をかこっている。

では、この韓国のあがきは一体何なのかといえば、それは「島化」して分からなくなってしまった自分の出自の再構築であろう。いわば他律性の歴史から自立性の歪曲史観をひねり出すためのあがきなのである。そのためにトルネードのごとく韓国は日本を巻きこみつづけた。

要するに、韓国には国家の正統性がない。シナ属国の他律性の歴史の上に、日韓合邦となり、さらにアメリカによって解放されて「島」となった。韓国が国家の正統性を確立するには、日韓併合条約をむりやり無効とし日韓合邦時代を歴史から抹殺するか、民主制の成熟しかないのだろう。だが、後者は流産してしまった。

2009年5月23日、元大統領の盧武鉉《ノムヒョン》氏が自宅の裏山から飛び降り自殺をした。親族の収賄《しゅうわい》関与容疑で最高検察庁の事情聴取のまっ最中だった。自殺の時点で盧氏は関与を認めたことになり、遺体は司法解剖に付され、親族の収賄の捜査が本格化するはずであった。ところが野党は最高検察庁による不正資金疑惑捜査が盧氏を死に追いやったとして李明博政権を批判し、政府は盧氏を国民葬とすることで盧氏支持者たちの反発をかわした。さらに検事総長を辞任させ、盧氏親族の捜査を打ちきった。遺体の司法解剖もついに行われなかった。これで李明博政権が国策捜査を認めたことになるから、今度は政府批判がはじまり、政権は倒れるはずであった。ところが、これもそうはならなかった。結局、この国民葬は韓国民主主義の葬儀となった。

最後の手段は、日韓併合条約をむりやり無効とし、日韓合邦時代を歴史から抹殺することであろう。レアリズムの日本人は、そんな無理な虚構を奉じて何になろうかと思う。だが、かつての「他律性史観」も、彼らと日本の左派学者たちとの共闘により、まるでいけないことを語るかのように封ぜられてしまった。慰安婦問題も然《しか》りではなかったか。

日韓左派学者たちの幻想と虚構

かくしてここで、美しくない過去を振り返らなければならない。結論から先に言ってしまえば、朝鮮史から自立性の歪曲史観をひねり出すための根拠は、かつて日本人により韓国人にあたえられたのである。戦後、旗田巍《はただたかし》という満鉄帰りのマルキスト学者が、「他律性史観」批判をはなばなしく開始した。

日露戦争ののち、満韓経営の国策会社として南満洲鉄道株式会社が生まれると、前述の白鳥庫吉《くらきち》は満鉄総裁後藤新平に説いて満鉄東京支社のなかに満鮮歴史地理調査室を設けさせ、満韓（満鮮）の歴史や地理の研究を始めた。前記の池内・津田・稲葉はここで養成された人々である。この人々はやがて日本の東洋史学・朝鮮史学の中心的人物となるが、ここで始められたのは朝鮮史研究ではなく満鮮史研究であった。朝鮮史は朝鮮民族の主体的発展の歴史ではなくなり、満洲をふくむ大陸史の一部に吸収された。（中略）朝鮮史の他律性が朝鮮史を考える基準になった。政治も社会も文化も、すべて外来のものに圧倒され、外来のものを模倣し、自主性を欠く、という考えがつくられた。（『アジア・アフリカ講座Ⅲ　日本と朝鮮』１９６５年）

だが、これより半世紀ちかくを経た今、戦前の満鮮史研究のレベルを、戦後の朝鮮史研究が凌《しの》いでいるかと言えば、こたえは当然否である。図書館に入り、その業績を比較すれば歴然としている。朝鮮研究者のなんぴとたりとも、これを肯んじないわけにはいかないだろう。要するに満鮮史観は正しかったのであり、朝鮮の歴史は他律性そのものであった。朝鮮のみを大陸から切り離し自立性をあたえる歴史研究は、韓国はともかく、日本ではこれからもますます下火になることだろう。朝鮮史研究だけではもはや研究者の膝下《しっか》に後継者が育たない。いまもほとんど育っていないのが現状である。

また旗田巍が、他律性史観の元凶として口をきわめて罵った論文がある。1902年夏に朝鮮を旅行し、朝鮮の実状を見聞し、資料を収集して書かれた、福田徳三《とくぞう》の「韓国の経済組織と経済単位」という論文である。

福田の論文は実はわずかの資料と短期旅行の見聞にもとずく《ママ》大ざっぱなもので、すき間だらけの論文である。しかし、これがのちの研究に及ぼした影響は大きかった。大正・昭和の日本人の手による朝鮮経済史の研究の多くが、福田の論文を出発点にし、同様の発想によって、福田が設定した問題をほりさげた、といっても過言ではない。そして封建《ほうけん》制度の欠如、藤原時代に相当する著《いちじる》しい後進性、こういう考えは種々ニュアンスをかえながらも長く最近にいたるまで存続した。福田のみた朝鮮像・朝鮮史像は、それほど強く生き残ったのである。それは、その後の研究者が研究の姿勢を脱亜においたことと深いかかわりがあると思う（同右）。

本当にそうなのか。福田論文を探して読んでみると、じつは逆であり、福田徳三の朝鮮に対する深い知見をうかがい知ることのできる堂々たる内容であった。以下、第1章の引用部分を拡げて掲げる。

もともと所有権がない。売買という現象のまた存しないことは当然である。韓国においては、土地に対する権利の移転は旧文記ならびに新文記と称する書類の授受をもって行われる。長期間継続する実際の使用収益を根拠とする證券の意である。韓国の農業の技術の極めて幼稚であること、その収穫の甚《はなは》だ寡少《かしょう》であること、ともにその最大根本の原因は所有権の存在しないことである。（中略）商業もまた同じだ。直截《ちょくせつ》な言語をもって言えば、韓国には商人が存しないのである。ただ定期に各所で輪番に開かれる市と、この市に出入りする行商（多くは負褓商《ふほしょう》）と、これの対手である生産者または消費者とがあるだけだ。ただ、京城、平壌、開城（松都）その他の重要な都邑《とゆう》の地については、商《しょう》廛《てん》と商人がある。しかしこれは或《ある》いは直接消費者を相手とする消費（小売）商であるか、そうでないものは官府の貢進物の売買をもって業とする御用商人のみである。（『内外論叢』第4巻第1号、明治38年2月11日発行）

旗田が、「その後の研究者が研究の姿勢を脱亜においた」というのも事実ではない。その後の研究者は、進んで朝鮮、満洲に入っていくのだから、それを言うならばむしろ「入亜」であろう。

旗田巍登場以降の朝鮮史研究の進展は悲惨であった。旗田たちの影響を受けた「内発的発展論」者や「民族史観」論者が、70年代から韓国で簇生《そうせい》し、白衣貧窮の邑から「農村マニュファクチュア」をひねり出したり、高麗人参の行商人を「商人資本」と読みかえる作業が延々とつづけられた。じつは当時、大学院生であった私はこの被害者であり、彼らの論文に見事にだまされ、「開城商人資本の研究」なる虚構の修士論文を書いてしまったのである。

研究が進んだので、「開城商人資本」など、あるわけがないと今では分かる。李朝では、官の許しを得ずに、私的に商売をした者を「乱廛《らんてん》（＝乱店、つまりみだりに店を開くもの）」

というが、18世紀の末まで取り締まりの対象だったのだ。官が勝手な商売をさせないのである。だから京城（ソウル・漢城）を始め都市には店屋がなかった。両班《ヤンバン》相手の鍮器《ちゅうき》屋と筆屋くらいしかない。なぜこのように歪《いびつ》な経済構造になったかは後述しよう。

要するに、左派学者の幻想や虚構を糧《かて》として、戦後の朝鮮史研究が出発した。しかし日本文明圏には伝統のレアリズムがあるので、後続の研究者たちのなかで、やがておかしいと気づくものたちが次々と現れた。先述の朝鮮古典文学研究の野崎充彦、朝鮮経済史の須《す》川英徳《かわひでのり》、朝鮮政治史の木村幹《かん》などは覚醒の先駆者たちである。

だが一方では、なかなか覚醒しない韓国が残ってしまった。そして韓国の左派学者の歪曲史観に相変わらず荷担する日本の左派学者たちも健在である。和田春樹東京大学名誉教授は、次のように述べている。

とすれば、今日重要なことは、われわれのあたらしい歴史認識をもって、日韓条約第二条の解釈の対立を解決すること、つまり、日本側の解釈を現時点で棄て、韓国側の解釈を採用することによって示すことである。併合条約は当初より無効（null and void）であったと今日ただいま認めることによって、併合が不当なことであったと考える韓国民の認識への同調をあらわすことである。(「韓国併合一〇〇年と日本人」『思想』「韓国併合」一〇〇年を問う、2010年1月号)

これは韓国が国家の正統性を確立するため、日韓併合条約をむりやり無効とし日韓合邦時代を歴史上から抹殺するという、先述の最後の手段に同調を表明したものである。そのために和田氏は「日韓併合合法不法論争史」を同論稿でたどっているのだが、故意か無意識か、重要な国際会議を落としているのでここで補っておきたい。

2001年11月16日、韓国政府傘下の国際交流財団の財政支援のもと、韓国の学者たちによって準備され、アメリカのハーバード大学・アジアセンター主催で国際学術会議がもたれた。韓国側は、国際舞台で不法論を確定するために国際学術会議を企画したのであり、それを謝罪と補償の要求の根拠にしようとしていた。そしてアメリカ、イギリス、韓国、日本の学者が集まり、日韓併合の歴史をどう考えるかということで論争が行われた。これは当時、『産経新聞』(2001年11月26日付、黒田勝弘記者)で公表された。

韓国側は、いかに日本が不法に朝鮮を併合したかということを主張した。ところが、国際法の専門家のケンブリッジ大学J・クロフォード教授が、強い合法論の主張を行ったのだという。それは「自分で生きていけない国について周辺の国が国際的秩序の観点からその国を取り込むということは当時よくあったことであって、日韓併合条約は国際法上は不法なものではなかった」という主張であった。韓国側はこれに猛反発し、日本に強制されたのだということを再度主張したが、同教授は、「強制されたから不法という議論は第一次大戦（1914〜18年）以降のもので、当時としては問題になるものではない」と、一喝した。この結果、韓国側は悄然《しょうぜん》と去っていったという。最後にこの会議で日本人学者として大活躍したのが、先ほどの第二期日韓歴史共同研究委員会、日本側代表幹事・原田環《たまき》氏の若き日の姿であったことを付記しておく。これからの朝鮮史研究者はその研究分野の崩壊を恐れれば恐れるほど、旗田巍の幻像に回帰していくことだろう。

遡《さかのぼ》って第一期委員会の韓国側、李萬烈代表幹事は最終全体会議とレセプションで次のように語っていた。

かつて韓国史研究者はまず韓国に対する愛情を持たなくてはならない、と主張したのは旗田巍先生であった。旗田教授が力説したぐらいの愛情があればこそ韓国史が正しく見えるようになるのであろう。共同研究に臨んだ日本人学者の中には韓国に対する愛情をもって研究を行った方がなくはないと考えるが、この共同研究を終えるにあたり、あらためてしっかりと考えずにはいられない。（前掲ＰＤＦ）

皮肉なことに、覚醒を拒む者たちの教祖となった左派学者も又、日本人であった。

韓国が重ねた歴史研究の「虚偽」

２０１５年末、第二期日韓歴史共同研究委員会（２００７～10年）日本側委員たちに、当時の韓国側総幹事である鄭在貞氏（ソウル市立大学教授）から、著書が送られてきた。『日韓〈歴史対立〉と〈歴史対話〉』（新泉社）という本で、日韓歴史共同研究について多くのページを割《さ》いている。

同研究委員会は日韓両国首脳が合意して始められ、日韓の歴史を両国学者が共同で研究する事業である。特に第二期は古代、中近世、近現代に加えて、「教科書小グループ」を新しく設け、両国の歴史教科書の記述ぶりについても検証し、共通認識は教科書編集過程で参考にし、おのおの教科書制度の枠内で努力することとしたものである。

ところが著作では、「今回の共同研究の目標の重要な一つは、歴史教科書の記述を支援することであった」(249頁)と、参考程度の教科書記述ぶりの結果が、重要な目標にされてしまった。それならば「日韓歴史共同研究委員会」は「日韓歴史教科書共同研究委員会」になってしまうだろう。

驚愕《きょうがく》するのは、第二期は「安倍政権に移行し、自身と同じ傾向の歴史認識をもつ委員を委嘱《いしょく》しようとし、人選が難航した」(251頁)と、虚偽を重ねていくことだ。委嘱をしたのは外務省で、ゆえにコリア専門でないが、世界史を見わたせる著名な歴史学者も入っているのである。

以上から分かることは、韓国側がこの共同研究を歴史教科書を巡る政争と、当初より位置づけていたということである。だからこそ「二回の共同研究がそれほど成功しなかったのは研究委員の構成に問題があったからである。(中略)日韓両国が互いに協議して委員を選任すれば、共同研究の過程で無用な摩擦と対決を減らすことができる」(258頁)と、自己に都合のよい委員を引き入れることまで提言する。

そもそも韓国が歴史教科書を巡る政争を日本に仕掛けてくるのは、親北左翼政権下の時に限られている。過去2回は01年の金大中《キムデジュン》氏と05年の盧武鉉氏の政権時であった。北朝鮮に国家支援や秘密支援を送り、韓国が北の経済を支える時代である。その時代には北に同調する分、国内の不満を積極的に日本へと向けてくるのである。

政争が起こるたびに関わり、政治的なポジションを高めていくというのは、コリアの学者の行動パターンの一つである。これには李氏朝鮮の儒学者・張維《ちょうい》（1587〜1638年）の自己批判がある。

「中国には学者がいるが、わが国にはいない。蓋《けだ》し中国の人材は志が頗《すこぶ》る並みでない。志のある士大夫《したいふ》であれば心から学問に向かい、好むところ学ぶところも同じではない。そこで各々が往々にして実を得るのだが、わが国は違う。齷齪《あくせく》と縛られ、未だにみな志がない」（『谿谷漫筆』巻之一）

李朝の宮廷では、朱子学の諸説を巡って士大夫（官僚）たちが偉くなろうと政争を繰り返していた。今は日本統治の研究を巡り、政争を繰り返しているのである。

自分たちが作った「韓国史」という偶像を崇め奉る

『帝国の慰安婦』の著作により、韓国憲法で保障されているはずの学問の自由を奪われた朴裕河《パクユハ》氏もこのケースだ。第二期の教科書小グループの委員である重村智計・早稲田大学教授は、報告書の論文に朴裕河氏の著作を引用したところ、「引用するならば論文として認めない」という韓国側の主張により引用を削除された。先の鄭在貞氏の著書で「日本側は自国の歴史教科書はいっさい扱わずに韓国史教科書だけを検討した」（246～247頁）というのも虚偽であり、「日本歴史教科書の現代韓国の記述ぶり」を書いた重村氏に対して失礼である。

「ある日本側の委員が約束を破って、右派の大衆雑誌に委員会の進捗《しんちょく》状況を公表して物議を醸《かも》した。しかも韓国史と韓国側の委員を批判する内容であった」（249頁）というのは、私のことらしい。約束というのは、本研究と直接関係のある内容を予《あらかじ》め公表しないというものだった。ゆえに最終報告書とは関係のない「韓国『正しい歴史認識の虚構と戦略』」を毎日新聞社のアジア調査会『アジア時報』に掲載した。

雑誌は右派ではないし、委員会の進捗状況など書かれていない。「韓国史を批判した」というが、鄭東愈《ていとうゆ》という儒者の『晝永編《ちゆうえいへん》』（1805年）を紹介し、李朝には針がなくシナ針がなければ衣も縫えない、舟はあるのになぜ車はないのかと嘆いていると、コリアの技術水準の低さを示しただけだ。

韓国人は自分たちが作った「韓国史」という偶像を崇《あが》め奉る。まるで旧約聖書でモーセが打ち砕いた異教徒の「金の子牛」崇拝のようだ。最後に、日本の実証研究の遺産は韓国よりもむしろ台湾で育っていることを付言しておこう。

日本人は「贖罪」の洗脳から目覚めたが……

これまで、反日的な知識人やマスコミ報道によって、「日本が植民地時代に悪いことをしたから、韓国人が怒り続けるのも無理はない」と思わされてきた多くの日本人も、さすがに嫌気がさし、「日本＝悪」という単純な歴史観に疑問を抱いた。

40年間朝鮮研究をしてきた私にとっては、ようやく迎えた国民意識の覚醒である。だが一方では、強い危機感も抱いている。このままでは日本の朝鮮統治時代を実証的に研究する学者がいなくなってしまうという現実があるからだ。

いま本格的に実証的研究を続けているのは、わずかの学者であり、おまけに彼らには弟子がほとんどいない。せっかくの国民意識の目覚めを学術的に支えるべき実証的研究者がいないのでは話にならない。このままいけば、結局は、韓国の歪《ゆが》んだ歴史観がまさって、本当に世界標準の歴史観となってしまいかねない。事実を述べる学者が滅びれば、真実もまた滅びるのである。

ジョージ・アキタ氏（ハワイ大学名誉教授）とブランドン・パーマー氏（コースタル・カロ

ライナ大学准教授）の共著『「日本の朝鮮統治」を検証する　1910―1945』（草思社）は、韓国の「民族主義史観」あるいは「自尊史観」の誤りや偏りを批判し、歴史研究にバランスをもたらそうとしているという意味で、大きな意義がある著作だといえる。

日本の朝鮮半島統治は韓国の近代化に大きく貢献したとともに、他の欧米諸国の植民地政策と比べて、穏当で公平だったことも知ることができる。日本と同様に左派リベラルが支配しているように思われているアメリカの学界にあっても、実証的な朝鮮史研究が着実に根付いていることを示す点でも、非常に勇気づけられる。

ただ、そこに一定の限界があるのもまた事実である。アメリカの研究では、戦前の史料や研究、李朝時代の漢文史料がなかなか使われないため、より高いレベルに達するのが難しいのだ。

例えば、アキタ氏らの共著では、日本の朝鮮統治時代に刑法が改良され、李朝時代以来の非人道的な鞭打《むちう》ち刑がなくなったほか、日本本土と同等の近代的制度が整備されたことに触れているが、統治時代、京城刑務所長としての改革に関わった中橋政吉『朝鮮旧時の刑政』（昭和11年）には触れていない。同書から、李朝時代の朝鮮では「六曹《りくそう》」という実務を担当する役所の各司に恣意的《しいてき》に民衆を投獄する「私獄」があり、民衆から恐れられていたことなど、より詳しい史実を知ることができる。

アメリカ人には漢文や歴史的仮名遣いの文語調の資料に当たるのは困難であろうし、研究に限界が生ずるのもやむを得ない。しかし日本人なら、そのような困難は軽減する。その意味でも、日本人の実証的研究者がいまこそ求められているのである。

反日韓国の民族主義史観の正体とは?

反日行動をエスカレートさせ続ける韓国の「自尊史観」あるいは「民族主義史観」は、主に次の四点で成り立っている。

(1)朝鮮は高度な文明国だったのに、野蛮人とみなされていた日本人に侵略され、侮辱された

(2)日本の朝鮮統治における「改善」は、朝鮮人を効率的に搾取し、支配し同化するために、日本が朝鮮の近代化を必要としたに過ぎない

(3)日本の統治時代、朝鮮人民による解放闘争が継続的に行われた

(4)日本人は朝鮮人に対する非人道的方策を進め、一方的かつ高圧的に臨んだため、抵抗運動は活発化し、同化政策は失敗した

しかし、これらはいずれも、史実に明確に反している。⑴についていえば、そもそも、日本統治以前の李氏朝鮮には高度な文明などなかったのだ。李朝500年は、中国から学んだ朱子学の儒礼を実践するために費やされた。李朝は民生を顧みず、国土も荒廃するにまかせていたために、朝鮮半島は貧窮に閉ざされていた。日韓の保護条約（第二次日韓協約、1907年）は高宗《こうそう》王が大臣5人に丸投げして生まれた。「そちたち善きにはからえ」と王が言った史料が3カ所から出てきてしまったのである。韓国の民族主義史観やそれに同調する者は、1907年のハーグ密使事件などを高宗王が日本による保護国化に反対していた証拠として、併合は不法だったと主張するが、そうではなかったのである。もし不法ならば、当時の列強が不法を盾にたちまち襲いかかったことだろう。

⑵で触れた「韓国を日本が収奪した」という歴史観は、日本のマルクス主義者たちが彼らに教えたものだったが、貧窮の朝鮮には収奪するものがそもそもなかった。労働を知らない彼らに労働の価値や意義から教えなければならなかったことが、日本のやった第一の「改善」であった。そのような朝鮮を日本があえて統治したのは、日本の安全保障のためであろう。貧窮の凍土のままでは安全保障政策にコストがかかりすぎることは言うまでもないことである。

こうした現実は、日本の戦前の文献に当たれば、すぐに分かることである。例えば、前に引用した日本の統治前、1902年夏に、朝鮮を旅行して実状を見聞きし、資料を集めた福田徳三の論文である。

実は、当時の民衆の暮らしについては、かなり詳しい日本の調査資料が残されており、韓国の学者も、日本、アメリカの学者も実態を知ることができる。朝鮮を合邦した後、日本から朝鮮各地に入っていった裁判官や警察官らが墳墓や養子相続などをめぐる係争や訴訟に困り、説明を求めて照会するケースが相次いだため、朝鮮総統府が現地の社会風俗を調査したのである。

調査は1910（明治43）年に設置された朝鮮総督府取調局が担当したが、1912年には参事官室に、1915年には中枢院に引き継がれている。

風俗調査は明治四十三年、総督府設置当初、取調局において旧慣を調査した際、民事・商事・制度調査上の参考として、其の必要に応じ、調査したのが濫觴《らんしょう》(始まり)であり、のち該事務が参事官管掌に移され、さらに大正四年五月中枢院にて調査するに至った。小田書記官が着任され、行政上および一般の参考となるべき風俗習慣を広く全般にわたって調査を開始し、調査を遂げたものから印刷に付す方針を定めた。衣食住・車輿《しゃよ》船舶・出生・冠婚喪祭（中略）の十七項目を立て調査を進めたが、なお民事および制度調査の参考という範囲を出なかったのだが、大正十年に至り、初めて調査を制度・慣習・風俗の三に区分し、ならびに風俗は独立して調査することになった。（朝鮮総督府中枢院「風俗調査事務概要」昭和18年1月。ハワイ大学所蔵、朝鮮総督府調査ノートによる。筆者が現代文に改めた）

こうしてまとめられた調査資料は膨大である。例えば、朝鮮の「風水」についてまとめた『民間信仰第二部　朝鮮の風水』（昭和6年2月発行）は、この一冊だけで857頁に及ぶ。日本統治の朝鮮研究は、こうした資料を丹念に当たることで、かなり進むはずなのだが、現実にはそうはなっていない。

韓国人はアイデンティティを持てなかった

前述した通り、日本の敗戦と米軍の進駐により棚ぼた式に国家の独立を得た韓国には、国家の正統性というものがそもそもない。韓国が、民族主義史観にとらわれ、史実に目を閉ざす最大の原因は、この点にある。

日清戦争以前の朝鮮は、清つまり現在の中国の半属国であった。長らく中華文明圏に属し、独自の国風の文明を持たなかったのである。日清戦争で中華文明圏から切り離されて独立が認められ、その後に日本の合邦と統治による近代化が始まったが、それもやはり他国からもたらされたものであった。そして、日本との戦争に勝利したアメリカにより独立を与えられたが、その後の信託統治案を南の民衆が反託運動でつぶしてしまい、米ソの駆け引きの中で北と南が独立を宣言し、現在に至っている。

いわば「他律性」の歴史の国が、自分たちを誇ることのできるアイデンティティを得るためにはどうすればよいのか。歴史を改竄《かいざん》し、虚構の「自立性」を捏造《ねつぞう》するしかなかったのである。

先に民族主義史観の特徴として、⑶日本の統治時代、朝鮮人民による解放闘争が継続的に行われた⑷日本人は朝鮮人に対する非人道的方策を進め、一方的かつ高圧的に臨んだため、抵抗運動は活発化し、同化政策は失敗した——を挙げたが、こうした考え方を持つことで、韓国は自分たちの歴史の「自立性」を何とか担保しようとしているのである。そしてもう一つ、戦時へと向かう最後の5年間の皇民化教育を極度の同化政策としてデフォルメし、日韓合邦時代史全体を被《おお》うことである。

つまり、日本を徹底的に悪者とし、その悪と闘って勝ち取った独立という虚構の歴史を信じることによって、国家の正統性を得ようとしているのである。そうである以上、日本がどれだけ韓国に謝罪しても、韓国がこれを許すことはない。韓国にとって、日本は悪であるからこそ自国の正統性が証明されるからである。つまり、韓国にとって、日本は永遠に悪でなければならない存在ということになる。

韓国にもこうした民族派とは別に左翼がいる。ただこの左翼は「国家の正統性は韓国ではなく、独立戦争を実際に戦った金日成《キムイルソン》のいた北朝鮮にある。ゆえに北朝鮮に従うべきだ」とする、いわゆる従北勢力である。左翼政党の統合進歩党議員、李石基《イソッキ》氏が内乱陰謀罪容疑で逮捕された（2013年）こともある（統合進歩党は2014年に憲法裁判所の宣告で解散）。彼らは自分たちの正統性を北の民族主義と主体《チユチエ》思想に仮託する形でまとっているため、韓国の民族派を超え、超民族派である。つまり、より反日的である。この勢力が法曹界などにはびこっているため、日韓基本条約を無視するような判決が出るとさえいわれている。つまり「保守政権も合わせて無視する反日」なのだ。朴槿惠《パククネ》政権時代の民族主義の反日と、従北派の超民族主義が混じって現れていたからこそ、反日が競うように激化したのである。

私は、韓国人が虚構の歴史に基づいて日本を悪者にするしか自らを正統化できないメンタリティから脱却するには、民主主義の成熟しかないと考えてきた。しかし現実は、それとは逆の方向に進みつつある。

左翼史観すら日本から輸入したもの

しかし、自立性の虚構に満ちた民族主義史観ですら、実は韓国から自立的に生じたものではなかった。民族主義史観とは、もともと戦後の日本の学者がつくった日本人の「贖罪《しょくざい》史観」ともいうべき歴史観を輸入し、主格を逆転させたものだったのである。

その起点は、戦後13年後の1958（昭和33）年に遡る。恐怖政治と貧窮を極める北朝鮮の実態が明らかになった現代からは想像し難いが、当時、朝鮮総連は、北朝鮮を「教育も医療も無料の社会主義国」「地上の楽園」と呼び、在日朝鮮人を労働力として北朝鮮に送る「北送事業」を進めようとしていた。それを後押しする論文が親北の知識人から次々と発表される中で、日本人が加害者で朝鮮人が被害者という歴史観が生み出されていったのである。

まず、『中央公論』同年12月号に藤島宇内《うだい》（詩人、評論家）、丸山邦男（評論家、丸山眞男の弟）、村上兵衛《ひょうえ》（作家）による共同執筆論文「在日朝鮮人六十万人の真実」が掲載され、在日朝鮮人の北朝鮮への「帰国」を煽り立てた。

藤島宇内は翌59年10月号の『世界』で「朝鮮人帰国と日本人の盲点」を公表し、「戦後になってもアジアに対する侵略者としての心性を捨てきっていない日本の無自覚さ」が帰国事業を妨げているとして、日本人に贖罪意識を植え付けようとした。

さらに60年の『世界』9月号では、「朝鮮人と日本人――極東の緊張と日・米帝国主義」を発表。前年の『世界』12月号に取り上げられた朝鮮総連役員の鄭雨澤の投稿手記「帰国を希望する在日朝鮮人」の中にあった「元来、在日朝鮮人は、日本に来たくて来たのではなかった。在日六十万の殆《ほとん》どは日本軍閥によって、侵略戦争（中日戦争と太平洋戦争）遂行のため、強制的に集団移住させられたりして、徴兵徴用されてきたものである」という部分を総括し、「朝鮮人強制連行」と命名した。

当時の多くの日本人には、朝鮮への贖罪意識など希薄だった。戦禍《せんか》が甚《はなは》だしく、自分たちも戦争の被害者だという意識のほうが強かったからである。しかし、藤島や丸山ら「進歩的知識人」たちの言論は、その日本人に、少しずつ罪の意識を植え付けたのだった。

もちろん、その言説も虚偽である。戦後も日本に残り続けた在日朝鮮人の一世は１９３０年代に日本本土にやってきた出稼ぎ労働者がほとんどで、終戦前年の１９４４（昭和19年9月）年に朝鮮に適用された国民徴用令（戦時中の労務動員）で日本に来た者は、戦後間もなく、ほとんどが帰国していた。１９５９年に発表された日本政府の調査では、当時の在日朝鮮人約61万人のうち徴用されてきた者はわずか２４５人に過ぎず、彼らは「犯罪者を除き、自由意思によって残留したもの」だったのである。

従って、在日朝鮮人を「強制連行されたまま日本に残らざるをえなかった」人たちだとするのは、まったくの虚構なのだが、当時は、一顧だにされなかった。

藤島宇内と朝鮮総連によって、贖罪史観は瞬く間に日本人の知識人に広がった。そもそも北送事業は、当時進められていた日韓国交「正常化」交渉に対抗するため進められた北朝鮮側の運動であった。日韓のみの国交樹立を朝鮮半島の「平和的統一」の阻害要因だとする北朝鮮が日韓会談に反対する道程で、日本人は朝鮮観を変え、贖罪意識を植え付けられたのである。

そして贖罪史観の普及に、一段と大きな役割を果たしたのが、マルクス主義者の東洋史学者で東京都立大学名誉教授だった旗田巍である。旗田は１９６３（昭和38）年12月号の

『世界』に発表した「日韓会談の再認識」で、以下のような主張をしている。

忘れてならないのは、日本人が植民地支配国の人間であり、朝鮮人が植民地の人間であったという事実である。個々の日本人をとると、朝鮮人と同様にぎせい者であっても、全体としては加害国の人間であった。(中略)日韓会談は単に両国の国交について議しているのではなく、日本の朝鮮統治の後始末を主たる議題にしている。それは全朝鮮に関することであって、韓国と交渉するだけでは解決はできない。これを解決するには、どうしても北朝鮮を無視するわけにはいかない。

「日本人が加害者であり、朝鮮は被害者」という構図を強調すると同時に、日韓会談に異を唱える。明らかに北朝鮮側の意に沿った論理展開であり、旗田が何のための論理を展開していたかは想像に難くない。

実証研究が滅びる前に

旗田以降、日本の朝鮮研究は混迷を深めた。学者たちは、戦前の優れた研究書を研究の基礎とすることをやめてしまったのである。朝鮮史学界の中心人物だった旗田は、日本の朝鮮統治時代に編纂された史料や研究書を「朝鮮人に対する愛情がない、差別に通じる」といって封印した。そして、日本への抵抗運動や朝鮮人が自分たちで文化や治世のレベルを上げようとした啓蒙《けいもう》運動、収奪史観に基づく「植民地経営の過酷さ」の研究ばかりさせたのである。

マルクス主義幻想に支配された学界は、史実に目を閉ざし、虚構の歴史を追い続けた。前述したように、やがておかしいと気づく研究者も現れた。朝鮮古典文学研究の野崎充彦、朝鮮経済史の須川英徳、朝鮮政治史の木村幹などは、その先駆者だったが、その後が続かなかった。一方で、いまもマルクス主義者たちの虚構の歴史観、そこから生じた韓国の民族主義史観に加担する日本の学者は絶えることがない。

ただ、朝鮮研究に取り組む学者が減っていったのは、旗田たちのせいばかりではない。他律性の歴史しか持たない朝鮮には、独自の文芸などが発展しなかったために、研究に取り組もうとする学者の意欲がわきにくいという一面はもともとあった。老後に読むものがない、つまり一生を賭けた研究の対象としての魅力に決定的に欠けているのである。

朝鮮研究に取り組む学者やジャーナリストは一見多いようだが、北朝鮮政治を研究する者や軍事、安保研究などがほとんどで、朝鮮の文化、歴史の研究者はそもそも乏しく、わずかな学者も贖罪意識から研究を始めた者がほとんどである。

別に私は韓国が憎くてこのようなことを書いているわけではない。このままでは、日本の朝鮮統治が世界一残酷だったと教えられ、伊藤博文を暗殺した安重根《アンジュングン》のようなテロリストや昭和天皇の乗る馬車に手榴弾《しゅりゅうだん》を投げつけた爆弾魔を解放運動の英雄だと刷り込まれ、頭の中がＩＲＡ（アイルランド共和軍）のようになった韓国の若者が、爆弾をもって海を渡ってくる危険性があることを指摘せざるを得ないから書くのである。

いま改めて、日韓合邦時代を検証する上で欠かせないのは、贖罪意識を排し、事実に即したレベルの高い実証研究である。

進歩史観は終わった

以上、色々と自分の専門分野のことで悩んでいると、いつの間にか悩まないでもよい時代が到来した。現代ではインターネットの登場により、知識や情報量が無限に増量された結果、近代の理念や理想、普遍知など、希少な知識や情報から結論を導き出すための演繹《えんえき》的《てき》な道具が、全部パアになってしまったのである。悩まなくて良くなったぶん、これからは考えなければならない。

現代から見ると、近代という時代には実にヘンな「理念」を人々が信じていた。「歴史の必然」といい、あらすじを決める何者かが歴史のなかに潜んでいると、20世紀日本の代表的知識人、福田恆存《つねあり》までが信じていた。

彼は「近代化という仕事は歴史の必然に従っておこっている」(『福田恆存対談・座談集』第2巻)と、語っていた。ところが近代化は東洋諸国では全然必然にはならなかった。彼らが分業・約束(契約や納期や国際的合意など)・人権・法治などをすべてスルーしたことは、今日明白である。中国や北朝鮮など近代的な私的所有権さえないし、韓国はこれすら危ない。彼らは借りたものを返さない。

「歴史の必然」と言い出したのは19世紀のドイツの哲学者ヘーゲルだった。彼は進歩史観の元祖で、後進国の近代化を行う人々に、「どの国も近代化できるのだ」という元気を与えたが、もう終わった。実際に歴史を作っているのは、歴史家や歴史学者などの使命感をもった人間である。

「社会主義の優位」というのもヘンな「理念」だった。社会主義経済国からはついに社会主義経済論や社会主義経済学は生まれなかった。使われたのは、19世紀の人で、資本主義経済の研究書を書いたマルクスの経済学であった。

「労働価値説」といい、価値を生むのは生産労働だけだとし、流通は無視された。ゆえに食糧は配給制で、人々が長蛇の列をなした。経済が悪くなると流通部門がつぶされ、運転手や店の売り子が山で採取経済をさせられた。現代から見ると、あれは「古代経済や中世経済のマルクス経済化」にすぎない。計画経済は名ばかりで需給を考えないどんぶり勘定だし、計画がとん挫すると、すぐに古代や中世に逆戻りした。巨大建造物と破壊兵器をたくさん残したソ連は、今では中進国ロシアになり、相変わらず国民みんなでバクー油田を食っている。

要するに、近代の夢が覚めてしまったのである。まだ「近代の終焉《しゅうえん》」を肯《がえ》んじない人たちもいるだろうから、その人たちのために付け加えれば、フランスでは、1970年代から学者たちが「大きな物語」が終わった、近代は終わったと騒いでいた。イギリスでは、1991年のソビエト連邦の崩壊からだ。彼らは社会主義国の終焉で近代は終わったとしている。ドイツ人は頑固だ。彼らは1990年代から、今までの小さな近代は終わった、これからが本格的な近代だとして、「再帰的近代化」と言い出したのである。そして今ではうやむやになった。アメリカ人は、近代とか近代化とか云々《うんぬん》すること自体に関心がない。

自分たちの歴史に古代も中世もないから、回帰して全貌を見るという実感がないのだ。彼らはいつも「現代」にいる。

「近代の終焉」を肯んじない人々も、このような海外の実例があるので、今は、それぞれの立場を取ればよいと思う。ただ日本では、近代教育がドイツ哲学に沿って作られてきたので、それが確実に崩壊したことを、先に私は「歴史の必然」のような近代理念の崩壊で示したのである。詳しくは、『「紙の本」はかく語りき』(ちくま文庫、2013年)、『ヨーロッパ思想を読み解く——何が近代科学を生んだか』(ちくま新書、2014年)、『使える哲学』(ディスカヴァー・トゥエンティワン、2015年)の著作で立て続けに示したので、そちらを参照してほしい。というわけで、私は「近代の終焉」の方に立っているので、その立ち位置からこれからの記述を続けることにしたい。

新しい時代区分が必要

近代は終わり、「進歩史観」という理念も崩壊したので、旗田巍《はただたかし》以降の朝鮮史研究が朝鮮に「中世はあった」「封建制はあった」という、発展段階を無理やり作り出そうとした、「内発的発展論」も、白衣貧窮の邑から立ち上げる「農村マニュファクチュア」論も、行商人を「商人資本」と読み替える研究も全部無駄になった。

そこで新しい時代区分をする必要がある。言うまでもないことだが、歴史観も時代区分も、全部人間が世界を認識するために必要だからするのである。自然の時間や世界という空間が人間に命じているわけではない。自然の時間は、1、0、1、0、1のように、生まれては消えていくのであり、宇宙のどこかにこれまでの時間が蓄えられているというと、「アカシックレコード」のようなスピリチュアリズムになってしまうから、人文社会科学者の私はこういうのは信じない。

要するに、自然の時間は、消えては生じる量子時間なので「先次」しかない。これを人間の体内時間に表象したものが、「過去・未来」であり、自然の時間には過去とか未来などはない。次々生まれては消えていくだけだ。だからさっきのあなたはいないし、平安時代は跡形もない。では、「今」はどこにあるかと言えば、これはあなたの体内時間にあるのである。これが実存である。以上の「過去・現在・未来」を脳のなかで線分上に移して表象したものが、線形時間であり、物理学の時間だということになる。これをグルっとループ状にして、針の動きで時間の流れを擬制《ぎせい》したものが時計である。自然の時間は流れない、本当に流れているのは、人間の体内時間だけである。

ニーチェという人は大した天才で、こういうことをすでに19世紀に直観していた。ニーチェの言う、「永劫回帰《えいごう》」というのが、1、0、1、0、1の永遠にくりかえされる自然の時間のことであり、「大いなる正午」というのが、人間の体内時間の「今」のことである。このことに気づいた私は絶句した。

日本にもすごい人がいる。西尾幹二氏である。氏は『新潮』1987年10月号で次のように言っている。

「歴史は客観的事実そのものの中にはない。歴史家の選択と判断によって、事実が語られてはじめて、事実は歴史の中に姿を現わす。その限りで、歴史はあくまでも言葉の世界である」（『西尾幹二著作集』第5巻「光と断崖――最晩年のニーチェ」国書刊行会、2012年、24〜25頁）

当時、日本の近代が八割がた終わった頃だったが、識者たちはまだヘーゲルそのままに「歴史の必然」を信じていた。歴史を欲しているのは人間の体内時間の方で、自然の時間は出来事の連鎖にすぎないということがまだ分からなかったのだ。長くドイツ哲学に沈潜《ちんせん》した結果だ。続く記述はもっとすごい。

「けれども歴史家の主観で彩られた世界が直《ただ》ちに歴史だというのではない。そもそも主観的歴史などは存在しない。歴史家は客観的事実に対してはつねに能《あた》う限り謙虚でなくてはならないという制約を背負っている。客観的事実と歴史家本人とどちらが優位というのでもない。両者の間には不断の対話が必要な所以《ゆえん》である」

歴史は人間の作る因果のストーリであり、歴史学者や歴史家はできるだけ客観的事実の間に矛盾のないように良い因果ストーリを作らなければならない。そういう使命感について、西尾氏は早々と語っているようにも見受けられる。

暫定的に時代区分をする

ここからが時代区分の話である。天才・岡田英弘氏の説を紹介しよう。岡田氏は次のように言う。あらかじめ言っておくと、天才は全て箴言《しんげん》調で、読者のことをあまり考えていないので不親切である。ニーチェの言葉が全て箴言なのはこのせいであろう。

「現実の歴史にはストーリーがない。ストーリーがあるのは人間の頭のなかだけだ。歴史とは無数の偶然、偶発事件の集積にすぎない。……しかし、人間の頭でそれを説明するためには、筋書きがいるのである」（『岡田英弘著作集』第1巻「歴史とは何か」国書刊行会、2013年、36頁）。非常にカント的だが、ご本人に聞いたところ、カントをお読みになったことがないそうだ。

「マルクス主義の影響は、まだきわめて深刻だ。……マルクス流の、現代（＝近代）が、歴史の結論である、という考え方が頭にこびりついているから、古代と現代の間に、『中世』という、わけのわからないものを挿入することになる。……すでに、世界にはある一定のゴールがあり、……とにかく進化し続けている、という考えに囚《とら》われていることが分かる」（145頁）

中世が、「わけがわからないもの」とは何か？　付いていけるか読者は不安になる。

「こういう制度（フューダル・システム、西洋封建制）は、イングランドにはなかった。それからプロヴァンス地方にもなかった。ポーランドにもなかった。つまり、エルベ河からロワール河ということですぐわかるように、アーヘンを中心にしたフランク王国の領土、これは、ローマ人によって都市化した地域に、フランク人の部族社会が侵入した結果生じたものだ、としか考えられない。だから全ヨーロッパ的な現象でもないし、まして全世界的な現象でもない。それを日本の西洋学者は、封建制と訳してしまった」（114頁）

正論というほかない。こういう制度がなかったので、イギリスでは議会が発達したと、たしかM・ウェーバーが語っていた。

「さて、そうすると、実際的な時代区分というものを考えなければならない。すでに先ほど簡単に触れたが、結局、人間が時間を分けて考える基本は、『今』と『むかし』、ということだ。これを言い換えれば『現在』と『過去』、さらに言い換えれば、『現代』と『古代』、という二分法になる。二分法以外に、実際的な時代区分はあり得ない」（１４７頁）

古代と現代だけ！　まったくの正論だが、これでは現実的には、かえって世界が分かりにくくなる。いちおう近代化に成功して今日を迎えている国と、流産した国があるのだ。これは分けておく必要があると思われる。

そこで、私は次のように提唱したいと思う。世界の多くの国は、「古代→近代（あるいは現代）」のストーリを踏んできたし、今踏んでいる国もある。これを第一の因果ストーリとする。これならば、古代インカ帝国が15世紀に存在していても問題ないし、古代から近代のストーリしかない韓国などにも当てはまるだろう。

この「古代→近代（あるいは現代）」のストーリで、古代を欠いているのがアメリカである。逆に古代だけで滅んだ国は数限りない。古代イスラエル、古代エジプト、古代インカ帝国、アンコール王朝、シュリーヴィジャヤ王国……、つまり、この因果ストーリの前半部だけで滅亡する国の方が世界では多いということになる。つまり、「進歩史観」のあてはまる国の方が僅少《きんしょう》であると、言わなければならない。

フューダル・システムはもう少し広い概念で捉《とら》えたい。西欧や日本や北インド（藩王がいた）は、地方ごとに大土地所有で独立採算制の領主制の時代があった。そこで、この時代を「中世」とし、「古代→中世→近代→現代」と、いちおう前のとは別のストーリ建てにしておくことにする。そうでないと、日本などはこの時代が600年以上続き、その前半部は領主たちの「内戦」状態なのだから、この時代を捨象することは現実的ではないと思われる。

第3章

なぜ韓国は法治国家になれないのか？

朝鮮の法令はシナ事大主義だった

朝鮮に民法典を与え、私的所有権を認めたのは近代日本である。遡《さかのぼ》って李《り》朝時代には、売買が成立せずに小売商さえいなかった。京城・平壌・開城その他の重要都市には商人がいたが、官府の貢進物を売買する御用商人のみである。

では一般では日常品をどうするかといえば、ぜんぶ市場での物々交換でまかない、物品供給は行商人が担《にな》っていた。今のソウルの南大《ナムデ》門《ムン》や東大《トンデ》門《ムン》の市場は、その市の名残《なごり》だ。

李朝では国初より14世紀の明《みん》国の法令、「大明律《だいみんりつ》」をもって自国の法律と同一視した。それでも足りないところは、その都度、補助法規集を刊行し、これを補ったのである。

それらには、経国大典（1470）、大典続録（1492）、大典後続録（1543）、受教輯要《しゅうよう》（1698）、続大典（1744）、大典通編（1785）、大典会通《かいつう》（1865）などがあり、「大典」と名が付くものの「刑典」部分には、全て「大明律を用う」と、ある。

結論から言えば、異国の法律を事大《じだい》主義で正典として適用したものであるため、非常な無理が生じた。たとえば、18世紀の続大典に「（墓の）坑処を穿《うが》ち放火し、あるいは穢物《わいぶつ》を投げ込んで戯《ざれ》をなした者は、（大明律の）『穢物、人の口と鼻に灌《そそ》ぐ律』により（罪を）論ず」、とある。

　この背後には、李朝後期になると、山争いが頻発し綱紀紊乱《びんらん》するという時代背景があった。朝鮮では墓は土饅頭《どまんじゅう》で山にある。一族で山を占拠し、代々の墓を守るのである。山の数には限りがあるから、自然、他族との闘争が始まる。ひどい時には、前の墓を掘りかえして棺桶を焼いてしまう。風水信仰で棺のなかの骨には一族繁栄のパワーが宿っていると信じていたので、焼かれた側は激怒する。こうして一族郎党《いちぞくろうとう》で鎌や棍棒《こんぼう》をもって山にせり上がり大乱闘が始まるのである。

　この条文は、その闘争の初期を封じているのだ。人の墓に放火したり、汚物を投げ込んだものを大明国の律で罰しようというのである。

　問題の大明律の条文の方を見てみよう。大明律刑律闘殴条にある。「人の一歯および手足一指を折り、人の一目を眇《つぶ》し、人の耳鼻を抉毀《えぐ》り、人骨を破り、銅鉄汁で人を傷つけるがごとき者は、杖一百《こんぼう》。穢物を以《もっ》て人の口鼻内に灌ぐ者、またかくのごとし」という私闘の際の罰則規定であり、山争い・墓争いとは何らの関係もない。

　最後の部分は、２０１０年11月11日付産経新聞「産経抄」に、中国密航船員が脱糞して女性海上保安官に投げつける話があったが、まさにそれである。シナでは、人を攻撃するとき、糞便を人の顔面に投げつけるという風習がある。今もそうだから気をつけよう。目くそが鼻くそをまねるというと私が品格を失ってしまいかねないが、両国の関係とはこのようなものだった。朝鮮は法令で、シナ人の顔面を朝鮮人の墓面に置きかえるという無理をしてまで、シナの権威にすがろうとしたのである。

シナ・コリア地域を過大評価して、朝鮮は中国に「挑戦すれば討伐されるが、朝貢すれば共存できる」という関係を維持したのだと、思いこんでいる方が日本にはおられるが、そうではない。朝鮮はシナに「挑戦など考えられない、臣従して生きるしかない」という、もっと切実な関係に甘んじてきたのである。

第一、派兵能力がちがう。シナは5万人、朝鮮は1万5千人。勝てるわけがない。だからシナの王朝は朝鮮を征伐したこともなければ、する必要もないのである。

第二に朝鮮には権威がない。「行き止まりの廊下」の地勢で国民を守れたことがない。与《くみ》しやすしと見られると、満洲のジュシェン（女真）族が直《す》ぐに鴨緑江《おうりょくこう》を越えて、物を奪い、人を狩って農奴《のうど》にする。

ジュシェンと交流して友好策を図ろうとすると、シナの王朝が邪魔をする。「お前は忠貞なる、うちの東の家来だったではないか」と、文書で叱りつけてくる。シナはシナで一緒になって攻めてくることを恐れている。「夷《い》を以て夷を制する」にしくはなし、と見る。

ジュシェンの方は諸部族に分かれ、満洲で暮らしていた。甲賀者や伊賀者の里のようなところで、捕まえてきた明人や朝鮮人に農耕をさせる。根拠地も忍者の砦《とりで》のように城をもたず、時々移動するので居場所がよくわからない。朝鮮はシナの権威で国内を押さえ、同権威で国境に睨《にら》みを利かせるしかなかったのである。

官庁ごとに私設の監獄があった

さて前にも少し触れたが、日本統治時代の朝鮮に、元京城刑務所長だった中橋政吉という人物がいた。日韓併合後に朝鮮にわたり、大正12年（1923）頃刑務官となり、近代日本が彼《か》の国を近代化する有様をつぶさに見た。文献を集め、沿革の史料を求め、『朝鮮旧時の刑政』（昭和11年）一冊を書き残している。

貴重なのは、李朝末期を生きた朝鮮人の古老からの聞き書きである。28、9歳の時、典《てん》獄《ごく》署の書吏をしていた金泰錫氏から監獄の見取り図を得、地方の郡守だった朴勝轍氏から斬刑の目撃談を聞き、李朝時代の前科者の尻に残る笞痕《むちあと》を見、隆熙《りゅうき》2年（1908）の旧軍隊の解散の際の暴徒の首謀者で、島流しにされた鄭哲和氏から当時の配流《はいる》生活を知る。

史料価値も一級である。

今この書を読者に紹介しつつ、私の知るところを織りこんで、以下綴《つづ》ることにしたい。今のソウルは、李朝では京城あるいは漢城と漢語で書き、当時の発音ではショヴォルといった。語尾のオルを同じくする地方はシゴル（郡）といい、対立概念である。両方合わせて漢文で「中外」と称する。

京城の公式の監獄には二つあった。義禁府《ぎきんふ》の禁府獄《きんぷごく》（今の鍾路《チョンノ》の第一銀行《チエイルウネン》の場所）は官人の犯罪者を拘留し、国王の命令がなければ開くことができない特別裁判所だった。構内に南間、西間の獄舎があり、オンドル式だった。四方の内側は板壁、外側は土壁、前面のみ高窓があり、出入口には戸扉《こひ》がはめられた。これを金吾《きんご》獄ともいう。

刑曹《けいそう》所属の典獄署の典獄（金吾の道を挟んだ対面）には庶人の犯罪者を拘留していた。構内の円形の墻《しょう》内に半分オンドルの獄舎を設け、庁舎はその周りに配されていた。シナの六《りく》部《ぶ》の縮図が六曹《りくそう》で、所轄の刑曹はその一つ、裁判と刑罰担当である。

その他に、兵曹、司諫府《しかんふ》、備辺司《びへんし》、捕盗庁《ほとうちょう》などにも各権限に応じて日中の逮捕の権があった。煩瑣《はんさ》なので各官庁の説明は省く。その獄舎は留置場程度で、そうでない立派な監獄は兵曹所属の捕盗庁のみで、左獄・右獄といわれ恐れられた。

李氏朝鮮の拷問。右から角形枡に膝を突っ込ませ棒で打つ「跪膝方斗」、足指の間に熱した鉄棒を挟む「足指灸之」、逆さに吊るし鼻孔に灰水を注入する「鼻孔入灰水」（朝鮮総督府『司法制度沿革図譜』昭和12）

京城の夜は外出禁止なので捕盗庁が夜回りと盗賊逮捕を担っていた。構内には五間ばかりの板場の獄舎と隣接して絞首刑執行場があった。獄舎の四方の内側は板壁、外側は土壁、前面のみ高窓、出入口は板戸に横木でカンヌキがしてある。舎内の壁には丸木が露出していた。

こうした各官庁の監獄は時代を経るにつれてどんどん増えていった。つまり分業がうまくできず、あちこちの官庁が勝手に留置場を設けてしまうのである。これを「私獄濫設《らんせつ》の弊」という。1725年、軍関係の五つの軍営にまで拘留の間があると報じられ、英祖《えいそ》王はこれを禁じた。

18世紀前半に各官庁の擅囚《せんしゅう》の弊が極に達し

た。「擅囚」とは読んで字のごとしで、「ほしいままに捕えた囚人」のことである。百司百官で私獄のないものがない状態になった。庶民はいつ役人に捕縛されるやも知れず戦々《せんせん》兢々《きょうきょう》としていた。

1740年の報告では、各官庁の私事の逮捕監禁がひどい、私的な怒りで捕えたものばかりだ、とあった。翌年、王は濫囚《らんしゅう》するものがあれば報告せよと命じた。これを「擅囚の弊」とか「濫囚の弊」といったが、改まらなかった。

地方官も六曹の縮図のように六房を置き、刑房に裁判・禁令・罪囚・監獄の事務をさせていた。道獄、府獄、郡獄と呼ばれる地方獄があった。地方官に司法権を兼掌《けんしょう》させたために、司法と行政が区別されず錯綜《さくそう》していた。地方では観察使《かんさつし》（道知事）以下の行政官が、裁判権を恣《ほしいまま》にしていた。彼が何を観察するかと言えば、民衆の儒教道徳実践を観察するのである。

裁判は役所の前庭のお白州《しらす》で行われ、審理には拷問が付き物だった。審理は、死罪は30日、流刑は20日、笞杖《ちじょう》（鞭と棍棒）刑は10日の期限を定め、故意に延ばすものは誤決と同罪として処罰することとし、中央の刑曹には毎月1日に判決の月日を報告させることにしていた。

監獄での凍死・疫病は日常茶飯事

ところが、監獄で憂慮されたのは、国初から「違法濫刑《らんけい》」「獄囚延滞」にともなう凍死と疫病であった。これも読んで字のごとく、「濫《みだ》りに刑罰を科し、判決を出さずに延ばし延ばしする」のである。審理・判決の期日は、結局守られなかった。

1427年の冬には凍死の恐れがあるから囚人を解き放てと命じている。つづく世祖《せいそ》王代には官吏を派遣して地方の監獄を調べさせたが、先の濫刑、延滞の二項がとくに甚《はなは》だしかった。1457年には、獄囚延滞が無きようにと地方に命じた。この王さまはわりと良い人だった。

1466年の冬には凍死せぬように釈放令を出した。朝鮮の冬はもちろん、吐く息が凍るほどの零下である。睿宗《えいそう》元年(1469)、忠清道《チユンチヨンド》の囚人は400人に達するとの報告があり、濫囚の弊が甚だしかった。

1567年には、濫刑の官吏をひどく罰せよと王が命じた。この頃より、各役所が濫《みだ》りに人を逮捕して監禁し、権勢を振るう弊害が表面化した。この後、30年で豊臣秀吉軍の侵攻にさらされることになる。治まって、1625年、仁祖《じんそ》王が擅囚の弊をいさめたが、効

ソウルのメインストリート鐘路も併合前はこんなだった
（東京朝日新聞『ろせった丸満韓巡遊紀念写真帖』明治39）

き目なし。債務強制のための監禁の弊が表面化した。つまり負債を返せないと、どしどし投獄した。貸す方も悪《わる》だが借りる方も踏み倒しの悪である。

そんなことをやっているうちに、翌々年、ジュシエン（女真、後の清《しん》）のヌルハチの子、ホンタイジが攻めてきた。仁祖王は、江華島《こうかとう》に逃げた。寝返った朝鮮人の武将が船でやってきて、「お前は泥人形か」と、王を侮辱した。王は降伏したふりをしたがばれて、もう一度攻められた１６３６年、京城は落城した。

時はたったが、監獄は変わらない。１６５１年、ソウルの獄で衣服、薪炭《しんたん》が行き届かず凍死する者が多かった。翌年、獄にいるハンセン病患者に薬物を与えた。獄内では不潔不衛生により伝染病その他の病魔に襲われる。獄内に充満する吸血虫の弊害で皮

役所ごとに勝手に行われた李朝からの“お裁き”

膚病にかかり命をおとすに至るのである。

第一、ソウル自体が不衛生の巣だった。だいぶ下って、19世紀の英紀行家マダム・ビショップ（イザベラ・バード）に世界第二の不潔都市と紀行文に書かれた、「誇り高き不潔都市」である。

1680年、獄囚延滞で89人も死んだと粛宗《しゆくそう》王は報告を受け、責任を問うた。地方はもっとひどい。罪が重いと処決せずに数十年延滞しているとの報告があり、1697年には、疫病が京城の典獄（庶人監獄）にも広まった。刑曹の報告により保釈する。禁府獄（官人監獄）も重病の者を上に報告して保釈した。

1707年、監獄で湿所に病を発する者が多いので板を敷けと命じられた。つまり朝鮮の監獄は土間だったのだ。朝鮮おそるべしである。

粛宗王代には王室の祭祀忌辰《さいしきしん》（先祖の祭や命日）で裁判の開延を止めることが多く、獄囚延滞の弊が特にひどかった。

日本による近代化への大改革

1745年、「替囚《たいしゅう》の弊」甚だしと、報じられた。これは何かというと、罪人に替えてその親族が入獄するのである。夫の替りに妻が入るのを「正妻囚禁」、子の替りに父が、弟の替りに兄が入るのを「父兄替囚」といった。

後者は人倫に反するというので粛宗代に「制書有違律」で処罰された。これも大明律の官吏の罰則で、王の言を制、それを記したものを書という、「詔《しょう》（制書）を奉じてその施行にたがうものがあれば、棍棒で百回殴る」という律で、替囚とは何の関係もない、こじつけである。

本場シナの方にしても、王言がそのまま錯誤・遅滞なく実行されたとはとても思われない。東洋の法治はこのようなファンタジーとこじつけに満ちているのである。

正祖《まさそ》王の8年（1784）、獄囚に飢餓が迫る。獄中の食事は自弁できない者には官給せよと命じた。これはこれまで何度か命じたが効果なし。食事の官給はなかった。

日本によって導入された近代法制下の京城地方法院の裁判
（朝鮮総督府『写真帖朝鮮』大正10）

高宗《こうそう》王の3年（1866）に天主教（カトリック）弾圧に遭い、捕盗庁の獄舎につながれた仏宣教師リデルの記録『京城幽囚記』によれば、食事はクワンパン（たぶん官飯《クワンパプ》の意）という朝夕に米がほんの少しばかりの食事で、20日もたてば骸骨《がいこつ》となってしまうという。

当時、囚人には盗賊、負債囚、天主教徒の三種類がいた。収監されるとチャッコー（着庫）という足枷《あしかせ》をはめられるが、盗賊以外はチャッコーから足を抜く方法を獄卒から教わり、夜は仰臥《ぎょうが》できる。盗賊は昼夜足枷をはめられ、疥癬《かいせん》に侵され、杖毒《じょうどく》（杖刑の不潔な棍棒で打たれ病原菌に感染すること）で肉は腐り、飢餓に苦しむ。死が近づけば獄卒が蹌踉《そうろう》とした囚人を屍体部屋に連れ出し、死ねば菰《こも》にくるんで城外に捨てに行った。女囚は足枷をしないが、チフスなど疫病にかかりやすい。乳飲み子を連れている女もいた。

東学党の乱など内政が乱れる朝鮮をめぐって清と対峙《たいじ》する日本政府は、日清戦争勃発《ぼっぱつ》直前の明治27年（1894）6月、清からの朝鮮独立を促《うなが》す改革案を閣議決定し、翌7月に官職の綱紀粛正、裁判の公正化、警察・兵制の整備などの内政改革を朝鮮政府に求めた。

朝鮮では高宗王の31年（1894）、甲午《こうご》改革を進めるために置かれた軍国機務所から、大小官員で贈賄《ぞうわい》を犯したものが下僕を替囚して罰金を払い、そのまま下僕を獄囚延滞するという弊害があるから、今後は本人を収監せよという命令が出た。

1895年の改革で、未決囚と既決囚を区別して収監すること、共犯者は監房を別にすること、収監には裁判所または警察署の文書が必要であること、携行の乳飲み子は3年までこれを許すことなどが決められた。典獄署は監獄署と改名、義禁府は法務衙門《がもん》権設裁判所と改名し、両獄の罪囚は全部監獄署に移した。地方は官制を定めなかった。日清戦争と下関条約の結果、朝鮮はシナから独立開国し、ようやく近代化の途についたのだった。

1896年の改革（乙未《いつび》改革の一環）で、日本東京府の各監獄が警視庁の所轄であったこ

併合前からの監獄。丸太をまばらに立てた壁は隙間だらけ。ここにこれだけの囚人を詰め込んだ……

とにならい、警務庁を設けて監獄署を一分課として所属させた。この警務庁時代に丸山警務顧問が進言し、西大門《ソデムン》外の仁旺山麓《におうさんろく》、金鶏洞に５万円で監獄を新築し、１９０７年竣工した。木造、庁舎80坪、獄舎４８０坪、監房は丁字型、工場あり、浴室あり、５００人収容可だった。

明治37年（１９０４）、第一次日韓協約で統監府を置き、１９０６年、地方に13カ所の理事庁を設け、日本人の犯罪者を獄舎に収監した。１９０５年の第二次日韓協約で、１９０８年から監獄官制が施行された。

刑政を控訴院検事長の管轄下に置き、地方裁判所所在地と同様に監獄を全国８カ所（計２９３坪にすぎなかった）に設置し、事務室、監房、炊事場、浴場を設備した。水原《スウォン》の京畿監獄のみ

日本によって開設された近代的な京城の刑務所　（『写真帖朝鮮』）

が完備されていた。また典獄以下の職員の大部分は日本人を採用した。法務大臣に趙重応、京城控訴院検事長に世古《せこ》祐次郎が任官した。

1908年、各地の理事庁獄舎を増加し、永《えい》登浦《とうほ》監獄を設け、未決囚のみ京城に、既決囚は永登浦監獄に移した。これが永登浦監獄の起源である。翌年、韓国の司法および監獄事務を日本に委託する約定が成立し、統監府監獄官制が布《し》かれた。統監府理事庁監獄に日本人、朝鮮人共通の監獄ができた。監督機関として、統監府司法庁が置かれた。

1908年の改革（刑法大全改正）のとき、典獄（鍾路の庶人監獄）に拘留されていた者は309人（未決囚123人、既決囚186人）だった。各地方の監獄はすでに2千人を超え、大《テ》邱《グ》監獄の監房は全部で3室総面積15坪しかない所へ収監者150人だった。房内に縄を張り、それに両足をかけて上半身だけ床に横たえさせた。公州監獄では房内へ便器を入れる余地なく、外に四樽を備え、漏斗《ろうと》で内から放尿させていた。

しかし朝鮮総督府監獄官制（明治43年に総督府と改称）の実施により、大正8年（1919）11月1日より3カ月で監房面積は1479坪、収監人数7021人、一坪当たり収容人員は4・7人で、半分以下に緩和され、房内衛生も大幅に改善された。

無念と諦めの鬱屈を「恨《ハン》」という

統監府は設置から5年後の明治42年（1909）、新たな戸籍制度を導入した。賤民《せんみん》層にも等しく姓を名乗らせる一方、身分記載を廃して身分解放を進め、教育の機会均等も促した。独立した司法制度を布いて私刑を廃した。水原の京畿道地方裁判所に赴任後、残酷な拷問をたびたび目にした日本人法務補佐官の建言で1908年に取り調べにおける拷問を禁止している。

日本の朝鮮に対する改革は、古代を近代にする改革だった、とひとまず言えるだろう。その初期の目的は日本の安全保障のための併合だったとしても、これを放置するにはあまりにも浪費が多く、コストがかかりすぎた。近代的な改革を施さないわけにはいかなかったのである。

これはロシアとの開戦の最中も、着々と朝鮮統治の施策を実施していたことから明白であろう。

李朝の政治は苛政《かせい》というよりは放政ゆえの苛政というべきである。古代経済社会のうえに、中国古代のファンタジーを権威模倣として採用したが、地政学上の「廊下」を往来する異民族の来襲から王は常に民衆を放りだして逃走した。

国政混乱・綱紀紊乱《びんらん》のさなか、為政者不信の民衆を強権強圧する官僚を王が儒教の徳目で牽制《けんせい》する（これには両者の役割が逆の時代もあった）という形で、李朝は５００年間崩壊することなく、放政と苛政の均衡を保ったのである。

これにはおそらく、「行き止まりの廊下」の行き止まり部分が有効に働いている。民衆は逃げ出そうにも廊下の先は海なのである。これが民衆の耐性を育てた。この無念と諦めの鬱屈《うっくつ》を「恨《ハン》」という。

私はよく読者から、朝鮮が本当に好きなのかと、問われる。嫌いならば40年間もの研究生活を送れたはずがない。ただ、私は、好きなものの味方はしないのである。好きなものの味方をすれば、好きなものが悪くなったときに、その悪いところを隠そうと、良い部分をデフォルメして喧伝《けんでん》するようになるだろう。

今の中国研究者、朝鮮研究者には、そのような運動家となった人々が叢生《そうせい》している。悪いものの敵になる運動家ならば筋が通るのだが、悪いものの味方をする運動家はいただけない。これは嘘つきである。

今の韓国をつらつらみるに、法治主義の失敗と民主主義の破綻《はたん》、過去の東洋的専制主義への退行は明らかなのだから、韓国がどんどん悪くなっていることは否定できない。そのとき、韓国の歴史がどんなに苛政だったか、それを知らなければ韓国の行き先も見えないことになってしまうだろう。

それでは立ち位置を明らかにしたので、われわれは先に進むことにしたい。つぎに李朝の刑罰の歴史に入って行こう。斬首から始めたい。

斬首刑は光武9年(1905)の刑法大全制定により廃止された。それまで、大逆犯《たいぎゃく》の処刑は南大門や鍾路の辻で行われることがあった。1898年の国王毒殺未遂事件の犯人、金鴻陸《きんほうりく》を処刑して梟《きょう》したのも鍾路だった。梟《ふくろう》の棒先にとまるように首をさらすので梟刑《きょうけい》という。逆賊を誅《ちゅう》するときには、首を切り、臂《ひじ》を断ち、脚を断ったので、五殺といった。

大きな鈍刀で囚人の首を斬る様子。首はそばに立てた竿に吊って見せしめにした
（『司法制度沿革図譜』）

斬首刑の場合、「待時囚《たいじしゅう》」と「不待時囚」と二種類があった。待時囚は、春分前、秋分後に執行し、不待時囚は判決後、時を待たず直に執行した。

19世紀後半の高宗時代には刑場は龍山《ヨンサン》近くに2カ所、待時囚用があった。セナムトとタンコゲである。刑木に髷《まげ》を吊りさげて首と胴を断った。不待時囚用は武橋洞《ムギョドン》、待時囚の緊急用は西小門《ソソムン》外だった。刑木に吊りさげずに斬るので首と胴は離れなかった。

執行方法は、まず罪人を監獄から引き出して、車に乗せて牛に牽《ひ》かせる。車に乗せるには、罪人の両手を広げ、両脚を揃えて踏み台の上に起立させ、牛車の箱に縛りつけておく。途中、南大門を過ぎる時に踏み台を取り除き、牛を疾駆させる。罪人は両手のちぎれるばかりに振られ、舌は歯の振動で鮮血がほとばしり、刑場につく頃は死人同然となった。

執行日は家族に知らせる。家族が来て、刑吏に賄賂《わいろ》をおくり、なるべく苦痛がないように一遍に斬ってもらうためだ。後年、斬刑は獄内でも密行されるようになり、構内でうつぶせにして斬った。「行刑刀子」といい、薙刀《なぎなた》のような大きさの鈍刀で、ただの重みで叩き斬った。朝鮮人もシナ人も、刀に刃をつけるのがどうも苦手のようである。

かわって薬殺は得意だった。王族や士大夫《したいふ》の罪人の面目を重んじて王より毒薬を賜《たまわ》い、これを嚥下《えんげ》させる。砒素《ひそ》を用いたらしい。流刑で外地に出した場合、後の報復が予想されるときには到着する前に、使者に薬をもたせて途中で罪人に服毒させて殺した。儒者官僚・宋時烈《そうじれつ》が済州島《チェジュド》に流される途中で客死《かくし》したのも、粛宗に廃妃《はいひ》を諌《いさ》めた朴泰輔《ぼくたいほ》らが配流の途中死んだのも賜薬《しやく》による。

磔刑《たっけい》や絞首刑は、朝鮮人には物足りなかったためほとんど行われなかった。日本人の逆である。絞首刑が行われるようになったのは、比較的新しい。

先述した天主教弾圧に遭い、捕盗庁の獄舎につながれた仏宣教師リデルの記録によれば、捕盗庁左獄で刑場は監房に隣接し、刑場の中央を板壁で仕切り、その壁の上部に穴をあけて縄を通して縄の端に受刑者の首をくくり、隣室から縄を引いて絞め殺したという。

日本人と異なる東洋の処刑法

1908年から監獄官制が施行された。当時残っていた旧八監獄を改修したが、水原《スウオン》の京畿監獄のみ、施設が完備された。

中橋政吉の見たところ、水原の京畿監獄だけ、刑場が二階式だった。鍾路監獄では物置のような場所の低い天井の梁《はり》に鉄製の井戸車を吊るして縄をかけ、床下3尺ばかり掘り下げて縄巻き器をすえ、回転させて巻き上げた。大邱監獄では丸太3本を三叉《さんさ》に組んで、その中央に縄を吊るして執行した。

海州監獄では監房の一つをあけて、上記の捕盗庁のようにしていた。平壌監獄では元の観察使、後の平壌地方裁判所の構内の建物の一つをあけて上記の梁木《りょうぼく》・滑車式で殺した。そこには死刑囚が暴れたときに殴るため洗濯棒のような棒が備え付けられていた。

凌遅刑《りょうち》という、日本人には聞き慣れない刑罰がある。シナ清代では阿片《アヘン》を吸引させ陶酔したところで四肢から生きたまま切り刻むのだが、朝鮮では死者に対してこれを科した。大逆罪の屍骸《しがい》の頭、左右腕、左右脚、胴の順で六つに断ち、残骸を塩漬けにして各地に分送する。この刑罰は17世紀、光海君《こうかいくん》の代に隆盛を見た。仁祖《じんそ》王代に厳禁としたが廃するに至らず、英祖《えいそ》王代に叛逆《はんぎゃく》を謀《はか》った尹光哲と李夏徴なるものの屍骸に凌遅の刑を施した。

19世紀の高宗王代、金玉均《きんぎょくきん》にも凌遅の刑が科せられた。

日本の明治維新を手本に朝鮮の近代化を目指し、1884年、閔氏《びんし》政権打倒のクーデター（甲申《こうしん》事変）を起こしたが清の介入で失敗し、三日天下で日本に亡命してきた。各地を転々とした後、上海に渡る。1894年3月28日、上海で閔妃《ミンビ》の刺客洪鐘宇に銃で暗殺された。

遺体は清国軍艦咸靖号で朝鮮に運ばれ凌遅刑に処せられた。頭と胴は漢江《ハンガン》の楊花津（今の麻浦《マッポ》区付近）に梟し、手足は八道に分梟し、軀《むくろ》は漢江に投げ入れ魚腹に葬らせた。

日清戦争後の下関条約で朝鮮は独立し、1895年の改革で、「処斬凌遅」等の刑の廃止令が出て凌遅刑は終わった。だが今日でも「殺してもあき足らない奴」というときに、「凌《ヌン》遅之刑《チヂヒヨン》・当《タン》ハル奴《ノム》」と韓国語で悪口を言うことがある。

最後に、追施刑という刑がある。追施刑とは死者の棺を掘り起こして加える刑罰である。15世紀、燕山君《えんざんくん》の史獄のとき、刑曹判書（刑曹長）金宗直《きんそうしょく》を大逆罪とし、その棺をこわし屍骸を掘り出して斬った。その後、燕山君の生母、尹氏を廃妃にした謀議に加わった数十人を捕え処刑したが、そのうちすでに死んだ者は棺を壊し屍骸を引き摺《ず》りだして斬り、骨を砕いて風にさらし、屍《しかばね》は江に投じた。

追施刑の結果は罪人の子または親も同時に連座させられるので、英祖32年（1756）に王政の忍ばざるところとして廃止されたが、これで終わった形跡はない。なぜこのような刑罰をしたのかというと、風水信仰で屍骸の骨には一族繁栄のエネルギーが宿っていると信ずる。そこで生きている親族を連座させてこれを行い、残族に還流するエネルギーを根本から断つのである。

この刑罰もシナが本場である。日本と提携し、シナの近代化を求めた政治家・汪兆銘《おうちょうめい》は、死後の民国35年（1946）1月15日、国民党軍により墓のコンクリートの外壁を爆破され、棺とともに遺体を引き摺りだされ、灰にされ野原に捨てられた。

賄賂次第の笞刑、身代わりの下僕

ここらあたりで日本の普通の読者は、胸糞がわるくなって、もううんざりということになるのではないだろうか。お気づきとは思われるが、日本人は地理上は東アジア人であっても、歴史文化上の東洋人では決してない。独立採算制の地域分業とでもいうべき「封建制国家」の子孫であり、「王朝国家」は遥か12世紀に終わっている。

その王朝の頃でも、シナの肉刑・宮刑《きゅうけい》・奴隷制など「人間の家畜視」は受け入れなかった。風水信仰も湿潤な日本では発達しなかった。陰宅（死後の家、墓）の骨など埋めても腐るから、一族のエネルギーの元などにはなり得ようもない。陽宅（生きているときの家）の方角などの吉凶占いだけが残った。

犯人の夫を捕えた刑吏に牛と反物を賄賂として渡し釈放を願い出る妻
（『写真帖朝鮮』）

つぎは、笞《むち》と杖《こんぼう》である。

朝鮮の打撃刑は、高麗《こうらい》時代から笞刑《ちけい》と杖刑《じょうけい》が区別されていた。軽いものには笞を用いる。李朝ではいずれの官庁も、刑具も執行方法も勝手放題。賄賂の多寡《たか》により刑を加減したためバラバラになったのである。

賄賂をした者は始めの三打まで手加減し、四打以降は外観のみ強く打つように見せ、受刑者にわざと号泣させた。賄賂しない者には強打し、賄賂を促した。賄賂しない者は永久に消えない傷跡を臀部《でんぶ》に残した。中橋政吉はこれを当時の前科者から目撃したという。

杖でも笞でも、硬質の木材のものもあれば、桐のような軟木もあり、甚だしきは紙製のものに朱漆《しゅうるし》を塗って外観だけ丈夫にしたものもあった。これを朱杖《しゅじょう》という。刑具は受刑者の負担として自分で作って官へ持参させた。笞は自然に繊弱《せんじゃく》に流れ、すぐ折れるので数十本の予備の笞を要することがあった。

１６７３年、広州府尹《ふいん》（府知事）の李世華の検田に過失があり、杖刑の命が下ったが、判義禁（義禁府長）の金寿恒が上大夫に杖刑は奴隷と同じだから他の刑に代えてほしいと上奏し、王はこれを許した。このような例はいくらでもあった。

両班《ヤンバン》に対して笞刑を加える時にはその名誉を重んじ、庶民のように臀部を打つことはせず、「楚撻《そたつ》」といって、木の小枝で両脚の前脛部《ぜんけいぶ》を打って済ませたものだった。それが、後には代人を出し、下僕が笞刑を受けるようになった。

17世紀、粛宗王代に「累次の兵乱を経て法制みだれ、杖を大きくするの弊がひどい。これからは笞を用いよ。軍律処断以外の者に棍棒を用いてはならない」と、命じた。18世紀、正祖《まさそ》王代に欽恤《きんじゅつ》典則が制定され、笞刑の改正を行ったが、濫刑の弊は治まらなかった。

1896年、刑律名例を制定し、刑罰を死・流《る》・徒《ず》・笞《ち》の四種に改め、古来の杖刑を廃し、笞刑は従来の回数10ないし50を、範囲を広めて10ないし100とし、10等に区別した。1905年制定の刑法大全では、死・流・徒・禁獄・笞の五種とし、杖刑は認めず。笞刑は刑量を定め、婦女に対しては水に濡らした衣を着せること、姦通罪《かんつうざい》の場合は衣を着せずに執行とした。

日韓併合後も、刑法大全の笞刑は朝鮮人に限り適用されていたが、明治45年（1912）9月制令第三号をもって、笞刑は代用刑に改められ、懲役・拘留・および金刑（金額に代える）に代えて行うこととしたため、自然に磨滅していった。

流刑には妻や妾を随伴した

流刑には海と陸とがあり、海の島に流す場合も、有人島と無人島の別があった。その他に「安置」「囲籬《いり》安置」「充軍」の分類がある。安置は、配所で更に場所を指定して幽居させる。いわゆる閉門である。王族または高位高官の者に限られた。

罪の重いものは絶海の孤島に流す「絶島安置」があり、軽いものは本人居住の郷で幽閉する「本郷安置」があった。だが実際には政敵を葬るために、恣に絶海流配することはいくらでもあった。

　本郷安置には二種類があり、最初から本郷に置かれるものと、いったん島に送られ、蕩《とう》滌《でき》（罪名を除くこと）によって配流を解かれて本郷に帰還して安置されるものとがあった。また王命により遠島に処せられることなく自宅に置かれるものは、「杜門《ともん》不出」といった。囲籬安置は「加棘《かきょく》安置」ともいい、棘《とげ》のあるカラタチの木を周囲に植えて籬《まがき》とし、その内側に幽閉した。カラタチの木は全羅道《チョルラド》に産するため、この道の島地で行われた。18世紀の景宗《けいそう》王代、壬寅の禍で、領義政《りょうぎせい》（首相）金昌集を巨済島《コジェド》に、領府事《りょうふじ》（中枢府長）李頤命を南海に、判府事《はんふじ》（中枢府職）趙泰采を珍島《チンド》に囲籬安置した。

　充軍は、辺境を守備する軍に投じて配流するものである。これはかなりきつい。国境付近で凍死して客死するので、遺体が行方不明になることがあった。遺体をちゃんと墓に納めないと、一族にエネルギーが還流しない。

　その他、流刑は千里以上だが、「遷徙《せんし》」といい、千里の外に配流するものがあった。ただし、流刑を二千里ないし三千里と定めたのは、シナの制度をそのまま持ってきただけで、朝鮮の千里は日本の百里ほどであるから、朝鮮の尺の二千里ないし三千里ということである。それでも狭い朝鮮では長距離になってしまうので、各地を大迂回《うかい》して距離を積算して辻褄《つじつま》を合わせたこともあった。こういうバカバカしいのが古代だ。

また、「移郷」あるいは「放逐田里」というものがあり、居を田野に移し、居住地や王都に入ることを禁じた。1545年、清州人の父を救うために殺人した者を移郷に処した。明宗《めいそう》代には、権勢家の尹元衡《いんげんこう》の爵を削り移郷したことがあった。「全家徙辺律《しへん》」といい、罪人の全家族を辺境に移すものがあったが、英祖20年（1744）に廃止され、この処分はなくなったという。

元々流刑の軽重は距離によるものであり、期間に制限はなかった。ゆえに恩赦や「量移《りょうい》」によって減刑されて帰還する以外なかったが、頻繁に行われたので大抵は帰還した。量移というのは、配流者が多数になったとき、整理するために減刑し帰還させるのである。運悪くどちらにもかからず一生を過ごす者もいた。

流刑者には家族の随伴を許していた。今の韓国の五千ウォン札の絵柄になっている儒者・李栗谷《りりつこく》の時には、妾《めかけ》を伴っていたことが彼の日記に見える。正祖14年（1790）、重ねて流人の妻または妾が随従を願うときには許せと命じた。その他、士大夫で遠地に送られるものには衣食を給したこともあった。配流は日本に比べ、けっこう楽勝だった。

大典会通（1865）では、70歳直前の流刑者には、誕生日までの期日に1日1両4銭をかけて金銭を納めれば帰還を許した。1905年の刑法大全制定では、本人が病気の時と親の喪に遭ったときは暫時《ざんじ》の保釈を許した。婦女、70歳以上の男子、15歳以下の男子で、流刑10年以下の場合には、極寒猛暑の折には保釈とした。

流刑に処せられたものはすべて刑曹の帳簿に記載すべきことになっていた。流刑地で最も多かったのは、陸地では咸鏡南北道、平安北道の国境線の穏城・鍾城・三水《サムス》・甲山《カプサン》・江《カン》界《ケ》が最も多く、島地では南沿岸の島地が最も多かった。

古来、陸海いずれに送るも適宜だったが、隔離するには島地が便利だったので、刑法大全では、原則として島地に押送《おうそう》するものとした。その頃の流配の島地は済州島・智島・珍島・楸子島・莞島・鉄島だけだった。島で商売や学塾経営で成功して気楽な余生を送るものもいた。

明治43年（1910）、日韓合邦の恩赦で流刑者は全部流刑地から引き揚げ、最寄りの監獄に移した。次いで政治犯全部に大赦を行い、獄内においても流刑者はその姿を消した。

他に大明律記載の徒刑（配流して労働刑に処す）があったが、李朝では行われた形跡がない。

拷問は脚折りと緊縛が主流

拷問刑は法令上定めたところがない、法外の刑である。わが国の石抱きのような圧膝や、周牢刑《カセチユレ》という両脚を緊縛しその中間に棒を挿入して左右に開く刑があり、捕盗庁で行われた。棍棒で乱打する乱杖刑などもあった。18世紀の英祖王代に残虐の刑は廃止されたが、その後逆転し、依然無統制の状態から脱することができなかった。

現在の韓国で展示されている「日帝による拷問」では、周牢《チユリ》刑や乱杖刑などが再現されているが、これは伝統を日本のせいにする、お得意の「歴史の歪曲《わいきよく》」である。

さて、正祖王代に欽恤典則を制定し、笞刑の改正を行ったが、濫刑の弊は治まらなかった。1905年の刑法大全制定により、次の六種の刑具が定められた。

まず枷《かせ》（項鎖）、朝鮮語でモッカルといい、長さ五尺五寸の板に刳《く》り抜かれたところに頭を挿入し、横より栓を施して鍵をかけた。長い板が首にかかっているので日中はほとんど動けない。

杻《ちゆう》（手枷）は実際には使われなかった。鍾路監獄では麻縄で両手を束ね、これをさらに強く腹部に縛り付けておいたもので、食事に手が使えないため、犬のような格好で頭《こうべ》を垂

李氏朝鮮時代とみられる周牢刑の写真。人々の目前で交差した棒に体重を掛け、囚人の脛骨を折っている

れて直に口を付けて食べていた。

桎《しっ》（足枷）、朝鮮語でチャッコー（着庫）といい、数人まとめて連施したもので、左右より交互に罪囚の左足または右足を一本ずつはめ込み、抜き差しできないよう鍵をかけた。

厠《かわや》に行く場合には外すが、夜これを施したまま寝かせることもあった。その他、紅絲鎖《こうしさ》（捕縄）、朝鮮語でオラチウルといい、紅色の糸を撚《よ》り合わせた縄で、端に龍頭飾りをつけ、12個の環を通してあった。環は肩先より腕に流れ、龍頭は胸に垂れ、威厳を感じさせたという。

恩赦濫発の伝統は今も生きる

恩赦は、①建国時、②国王即位、立后《りっこう》、立太子、太后尊号、王と王族の誕生、薨去《こうきょ》など、③国王行幸時、④宮の造営と罹災《りさい》、⑤極寒猛暑に際し獄囚を憐《あわれ》れんだ時、⑥天地異変、彗《すい》星《せい》出現時など、⑦女真族を成敗した時、⑧瑞象出現、⑨疫病流行、⑩個人特赦（父殺しの仇打ち）などで頻発された。

恩赦はあまりに頻繁で数えることができないほどだった。歴代の王が赦をもって徳治となして、これを行うことですべての災厄から逃れることができると信じたことによる。

その弊害を「濫赦《らんしゃ》の弊」という。粛宗10年（1684）に、奸人《かんじん》の僥倖《ぎょうこう》を開いてしまったと言い、恩赦を行いすぎたことを悔いて官を諫《いさ》めた。英祖王代にも、自分の濫赦を悔い、今後の王は行うなと戒めた。これらは濫赦の弊害を伝える。

浅見倫太郎『朝鮮法制史』中に、「寛典（あまい法律）の弊に至っては苟免《こうめん》無恥（一時逃れの恥知らず）の思想を誘致し、半島人をして非行を為《な》すを以て意に介せざるに至らしめたるものなり」とある。罪囚のすべてが恩赦の前例を知っているので、長期刑を下されても苦にせず、釈放機会を予期して待ったという。

現代の韓国でも、この「濫赦の弊」は、伝統として続いている。蓄財で逮捕された元大統領や、贈賄で収監された元会社社長、左翼運動で事件を起こし死刑判決を受けた元学生などが平然と出獄し、豊かな老後を送ったり、死刑宣告を勲章のようにして左翼政党の議員として返り咲いたりするのはこのためである。

以上より、「濫囚」「濫刑」「濫赦」が彼らの「放政」の伝統であることは明らかだろう。したがって私は、今の韓国の地で、いかに日本人が不当な逮捕、審問、判決、投獄をされようとも驚かないのである。「行かないに越したことは無い」、というのが私の箴言《しんげん》だ。

信頼関係の生まれない国

ここにもう一つの要素が加わる。ユーラシア大陸の極西から極東に及ぶ、圏（zone）の問題だ。具体的には、ロシア・中国・北朝鮮・韓国がこれに含まれる。

これらの地域は歴史上、独立採算制の地域分業、すなわち封建制《ほうけんせい》を経験したことがない。分業がうまくできない地域なのである。もちろんインドは、カーストという分業をしているからこれらの圏には含まれないし、日本も神道の神様まで分業しているくらいの分業得意国である。では、分業がうまくできない国とは、どのような国なのだろうか。分業は仕事を分割して人にまかせるということだから、できないことには信頼関係が生まれない。信頼関係が生まれないから、約束関係も契約関係もダメだ、ということになる。

結果として社会的な信頼関係や契約関係が育つことがなく、凝集力《ぎょうしゅうりょく》を欠いた社会の上に専制集団が派閥をもって君臨し、その不断の闘争による政権交替のみが腐敗緩和の浄化装置となっているというのが、この地域の特徴ということになるだろう。これを「東洋的専制主義」と称することは先に述べた。さらに私はこの地域を東洋的専制圏（A Zone of The Oriental Despotism）と呼んでいる。

民衆は「長いものには巻かれろ」式に専制集団や独裁者に従い、経済・政治の責任ある主体であることを自ら好んで回避する。統治形態としては王朝国家、征服王朝、独裁国家、強権政体を歴史上繰り返してきた。

社会的に信頼性や契約性が育たないため、国内の規範・法のみならず、国際的なルールにも進んで従うことができず、自己中心的な価値観で無謀な行動をとりやすい。自己中心的な価値観は他の価値観や社会の多様な言論の存在を許さないが、その不寛容性が却《かえ》って、彼らの社会的凝集力となってしまっている。そのような圏である。

もちろん圏としてでなければ、その諸特徴をもつ組織は他の国にも生まれる可能性がある。日本で言えば、戦時中の軍部や戦後のマスコミの一部など。学歴エリートの専制的幹部と、信賞必罰なしにラインを上昇するヒラメ体質の部下たち、自己保存と出世欲だけの社員が集まれば東洋的専制体制に限りなく近くなる。なぜそうなるのか、私は海の向こうの東洋的専制圏との共鳴、あるいはそこから伝統的な知識を借りるという、アジア主義の深い影響を挙げたくなる。中華思想や華夷秩序の書物にある知的吸収がその核になっているのだろうか。

産経新聞ソウル支局長言論弾圧事件

さて、産経新聞の加藤達也・元ソウル支局長が、朴槿恵《パククネ》韓国大統領（当時）の名誉を毀《き》損《そん》したとして、情報通信網法違反の罪で在宅起訴された事件を取り上げてみたい。

加藤記者は2014年4月に起きたセウォル号沈没事故に関連するコラムを書き、8月3日の産経新聞電子版に掲載された。コラムは沈没事故の当日に朴大統領が事故の報告を受けてから本部に顔を見せるまで「空白の7時間」があったことに触れ、韓国紙のコラムを引用しながら、朴大統領の男関係のうわさを証券街の関係筋の話として紹介した（毎日新聞社説、同年10月10日付）。

産経への捜査は、市民団体による8月6日の告発が発端だが、翌7日に青瓦台《せいがだい》の広報首席秘書が「民事、刑事上の責任を最後まで問う」と発言し、同8日にはソウル中央地検が出頭を求める素早さだった（東京新聞、10月9日付）。

朴大統領は、すでに捜査が始まっていた9月16日、「国民を代表する大統領に対するぼうとく的な発言も度を越している」などと発言し、その2日後、最高検察庁はネット上に虚偽事実を広める犯罪への対応を強化し、ソウル中央地検に専従捜査チームを設けて徹底的に捜査すると発表した（朝日新聞、10月10日付）。

検察がネット監視強化を打ち出すと、韓国で広く普及している無料チャットアプリ「カカオトーク」の利用者の一部に不安が広がり、セキュリティー機能が高く評価されるドイツのアプリ「テレグラム」へ乗り換える、いわゆる「サイバー亡命」が続出し、10月初旬の一週間だけで150万人が亡命する。危機感を抱いたカカオトークの運営会社は、捜査機関に通信内容を渡すようにという裁判所の令状に基づく命令に協力したことを認めた（毎日新聞、10月10日付）。

国内法で外国人特派員の国外での言論を弾圧するという異様な挙に、日本新聞協会、ソウル外信記者クラブ、日本外国特派員協会、国境なき記者団、日本ペンクラブなどが次々と懸念と憂慮を表明し、米紙ニューヨーク・タイムズは朴政権の光州ビエンナーレへの介入を取り上げ、表現の自由の弾圧を行っているという画家の言を紹介した。

米国務省のサキ報道官は10月8日の記者会見で、「我々は言論と表現の自由を誇りをもって支持する」と、暗に朴政権を批判した。11日には、米紙ウォールストリート・ジャーナル（電子版）が朴政権の政治的意図を挙げ、韓国側を明瞭に批判した。

韓国は司法も分業に失敗した

この事件の背後には、まず韓国司法の分業の失敗が存在する。韓国法院（最高裁判所）の下に、1988年違憲審査を行う憲法裁判所が設立されたが、2004年に、盧武鉉《ノムヒョン》元大統領が国会の三分の二以上の賛成で弾劾《だんがい》訴追されたとき、憲法裁判所が違憲判決を出すことにより盧氏を救った。これより政治家は憲法裁に持ちこんで生き残りを図り、憲法裁は違憲判決を出すことにより政治的な勢力を拡大するようになってしまった。

2011年8月、「従軍」慰安婦の損害賠償請求を政府が支援しないのは違憲だとする判決は、李明博《イミョンバク》大統領（当時）をさらなる反日へと追いつめた。他方、検察を統御する法院は2013年、憲法裁判所に対抗し、日本企業に戦時徴用工への個人賠償を認める判決を出した。検察と憲法裁が分業することなく、互いの専制権力を求めて暴走を始めたのである。司法の場で、専制集団が派閥をもって君臨し、その不断の闘争で法治主義を危機に陥《おとしい》れる事態となった。

第二に、ではなぜ産経は狙い撃ちにされたのか。産経新聞の一面コラム「産経抄」(10月4日付)は、「かねて慰安婦問題の真相究明に努めてきた小紙を韓国が狙い撃ちにしたのではないか、という論評すらある。漢江の奇跡をなし遂げた偉大な父の娘である大統領がそんな狭量ではあるまい、と抄子は信じて疑わぬが」と、控えめに語ったが、はっきり産経の狙い撃ちであり、娘は狭量だと言わねばならない。

前述したように韓国は戦時中、日本の対戦国でもなければ戦勝国でもなかった。米軍の進駐により棚ボタ式に独立を得た彼らには、国家の正統性がない。北朝鮮の金日成《キムイルソン》は中国の軍隊の一司令官で命からがら極東ソ連領に逃れたが、それでも独立戦争を一応戦ったという正統性がある。他方、南の方では、レンガ工場などに潜んでいた共産主義者は戦後北に渡り、金日成に粛清された。

上海に逃げて中国国民党の食客になっていた大韓民国臨時政府は民族主義者と共産主義者の混成集団で、頭目の李承晩《イスンマン》は2年で追放され、副頭目の李東輝《イドンヒ》は辞任したが、コミンテルンからの資金を独り占めし、テロリストの金九《キムグ》の私兵だった光復《こうふく》軍は、ミャンマーの英軍に投降用のビラ翻訳者として9名派遣しただけで終戦を迎え、臨時政府は現地で瓦解《がかい》したのだった。誰も戦っていないので、戦後の韓国では卑劣な爆弾魔を英雄にするしかなかった。

歴史上、長らくイングランド総督府に抗したアイルランドにもテロリストはいたが、彼らは英雄の栄誉にはあずかってはいない。韓国が卑劣なテロリストを英雄にできるのは、卑劣行為への国内基準が国際基準よりもはるかに低いからである。

文化水準がずっと上のシナの横に控え、武力が糅《か》てて逞《たくま》しい北方異民族を北にこらえて、ポケット型の廊下に芥《あくた》のように溜まってしまった民族に、卑劣という戦術をやめろというには無理がある。国家の正統性が卑劣行為により捏造《ねつぞう》されるという誘惑に彼らが勝てるはずはなかったのである。

それでも韓国が法治国家、民主主義国家にでもなれれば、それなりに正統性が担保できるはずだったのだが、それもままならないことになってしまった。

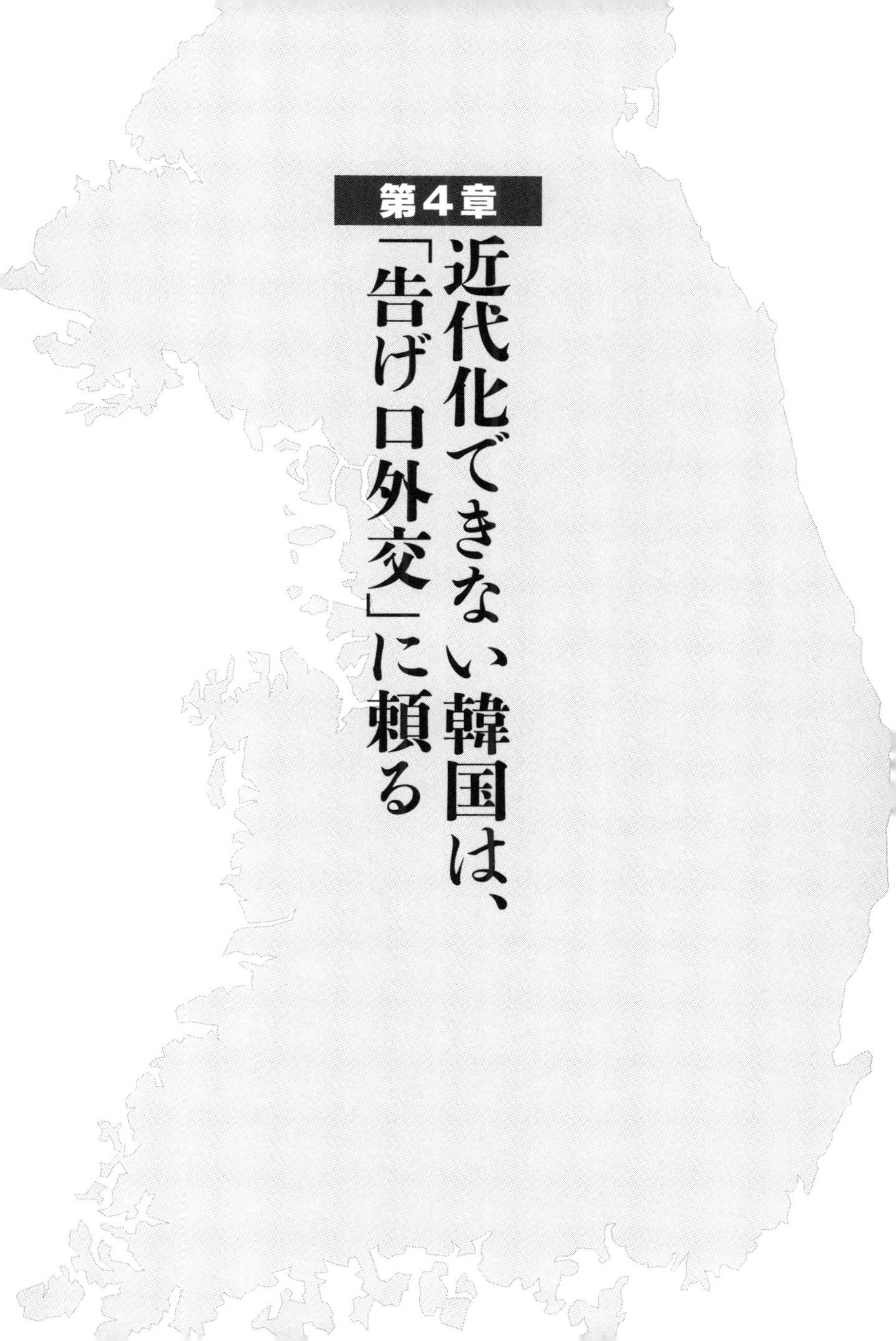

第4章

近代化できない韓国は、「告げ口外交」に頼る

韓国人特有の「歴史態」

朴槿恵《パククネ》前大統領が就任以来、日本に対して「歴史に学ばなければならない」と言っただけのことはあって、韓国人は自分たちの愚かしい民族の行動パターンを繰り返す癖がある。その意味で、彼らはたしかに歴史に学んでいるに違いない。でもそれは「書かれた歴史」ではない。地政学上の地形や政治の制約やそれに適合した民族の行動パターンが、民族に染みついてなるがままに動いてしまう「体得の歴史」である。これを私は「歴史態」と呼んでいる。

朴氏が外遊の先々で、各国首脳やメディアに日本の悪口を言いつけて回っていたが、あれなどまさに韓国人特有の歴史態である。自分の嫌いな人物を孤立させるために上司や目上の人たちに告げ口をして回る行動を、朝鮮語で「イガンヂル」という。

イガンとは漢字で「離間」と書き、意味は文字どおり、相手を離間させること、ヂルは固有の朝鮮語で悪質な行動を意味する。

朴氏が行った「イガンヂル」は、主に次のとおりである。

「日本は正しい歴史認識を持たなければならない」(2013年5月、オバマ米大統領に)

「(伊藤博文元首相を暗殺した)安重根《アンジュングン》の記念碑をハルピンに設置するための協力を」(同6月、中国の習近平国家主席に)
「日本の歴史を見つめながら未来志向の関係発展を」(同9月、独のメルケル首相に)
「歴史や領土問題で後ろ向きの発言ばかりする日本政府のせいで信頼関係を築けない」(同月、訪韓したヘーゲル米国防長官に)
「ドイツが過去の過ちに建設的な態度を見せ実現した欧州連合(EU)統合を、日本は見習ってほしい」(同11月、仏紙フィガロのインタビュー)
「慰安婦問題で一部指導者が苦痛を受けた方々を侮辱する状況で(会談しても)何も得られない」(同月、英BBCのインタビュー)
「歴史問題についての(日本の)認識が『問題にはならない。間違いだったというのか』というものなら(日韓首脳)会談でどんな結果が出るのか。両国関係はより悪化するのではないか」(同月、ベルギーの首都ブリュッセルでの会見)
「(日本の)歴史に逆行する言動が障害となり、北東アジア地域の協力が実現されていない」(同月、ロシアのプーチン大統領に)
こうしたイガンヂルは朴氏だけに見られる行動ではなく、韓国人同士が毎日、国内でやっている。

私が書いた韓国に対する文章を読み、気分が悪いと言って大学に文句の電話をかけてくる九州にいる韓国人の女性教授がいる。これもイガンヂルである。

当然日本では、そんなことをする人は周りから嫌われて孤立する。「あの人、また目上のところに行って言いつけ、告げ口をしている」という調子だ。

イガンヂルは李朝の習い

私が勤めている大学にも韓国人の教員がいて、彼女もよくイガンヂルをやるので、周りはみんな困ってしまっている。

ある時、韓国人の教授があまりにもイガンヂルをするので、私はその教授に「もうイガンヂルやめなさい」と注意したことがある。すると彼女は、「あ、懐かしい言葉ですね。日本にずっといたから忘れていました」と応じ、シラッとした感じで「古田先生からは、いつも悪い韓国語ばかり習います」と言い放った。

反省したそぶりを微塵《みじん》も見せず、平然とこのような言動を繰り返す。迷惑な韓国人そのものである。

ところが、イガンヂルが韓国内では一定の効果を発揮するため、韓国人はこうした行動が世界にも受け入れられていると思い込んでいる。韓国人も中国人も、自分たちの歴史態が世界に通用しないということが全く理解できないという民族的特徴を持つ。それが「中華思想」だ。

世界中で嫌われていることに気づかず、反省をすることもない。周りから見れば恥ずかしい行為を彼らは何度も繰り返し行い、やっているうちに効果が表れてくると心から信じている。

朴氏のイガンヂルは日本だけでなく、世界から見ても卑劣な行動だが、彼女自身は当然のことをやっているという認識なのだ。

朴氏は２０１３年5月、米国の上下両院合同会議で演説した際、日本を念頭に「歴史に目をつぶる者は未来が見えない。歴史に対する正しい認識を持てないことは今日の問題でもあるが、さらに大きな問題は明日がないということだ」と批判した。

この言葉を借りれば、自分たちの悪《あ》しき歴史に気づかない韓国人は、歴史に学ぶことで逆に明日がなくなる。韓国人は歴史に学び、滅びることになるかもしれない。

歴史を振り返ると、李《リ》朝の王様は、朝から晩まで臣下のイガンヂルを聞いている。李王の日録に『承政院日記《しょうせいいんにつき》』というものがあり、これを読むと、王は朝起きたところから、臣下から「どこ地方の知事が宴会ばかりしています」などと告げ口を聞かされる。王は食事をとると薬房に入って薬を飲むのだが、臣下はそこまでもまとわりつき、イガンヂルを繰り返す。王は、そのいくつかを取り上げ、イガンヂルの対象となった者を尋問にかけることもある。例えば、家臣がその妻をイガンヂルすることだってある。太宗17年（1471年）11月3日の実録の条に、家臣の柳復中が、妻は大叔父の金士文と怪しい関係だとイガンヂルし、王が「柳復中の妻が金士文と朝鮮双六《すごろく》していたことが男女の乱れだから、律に照らして罪せよ」と命じ、尋問（拷問）はやめておけなどと言っている。今日では実に下らないが、儒教王国の李朝ではこんな風にして人倫を守ったのである。

イガンヂルは今の韓国ではあまりにも普通の行為であり、みながする。だから、国民の信頼感がいつまでたっても生まれない。果ては、一族のエゴイズムが跋扈《ばっこ》しつづける。

朴槿惠女史という人は、内のものと外のものを父親と違って分けない。中国が助けてくれると思い込んでいるので、日本にまったく気を使わず、そのまま国内の反日イガンヂルを豪快に海外にまで吹き飛ばそうとした。

韓国には、民主主義を阻害する伝統が色濃く残っていて、いくら西洋近代化をしようとしても、形状記憶合金のように元にもどってしまう。上役の顔色を瞬時に判断する機微を、韓国語で「ヌンチ」というが、仕事のできるものより、ヌンチの速いものが出世する。同僚は他人（ナム）だから、互いに足を引っ張り合う。上司にイガンヂルをふりまき、うまくいけばゴボウ抜きで昇進できる。柱の影からそっと部下の仕事ぶりを見ている上司など、ただの一人もいないのだ。

中韓腐れ縁の歴史

韓国人は「卑劣」ということが理解できない。なぜなら、国民のなかに少数でも卑劣な人間がいれば「あいつは卑劣だ」といって糾弾されるが、韓国では全国民が卑劣なので、卑劣ということに何ら非道な特性が表れなくなってしまうからである。これは中国人にも当てはまる。

両国が同じような特性を持つ背景には、歴史上、中国と朝鮮はもともと兄弟国だったということが挙げられる。

17世紀、大陸に清《しん》国の基を作った初代ヌルハチと第二代ホンタイジの年代記で、1636年の第二次朝鮮侵攻までを綴《つづ》った『満文老檔《まんぶんろうとう》』という全編当時の満洲語で書かれた書物が残されている。そこでは、中国は中国ではなくニカン国という。朝鮮はソルホ国である。言語は異なるが、衣服や習俗の同じ兄弟国として描かれている。

満洲側は自分をジュシェンと呼ぶ。漢語では、かつて女真とか女直とか音訳された。ジュシェンはモンゴル諸国と兄弟である。

ニカン国とソルホ国はヌルハチを侮蔑する。ヌルハチが受けた屈辱は数知れない。『満文老檔』には次のような記述が見られる。

「明《みん》は天下の国の中で自分の国が主であるというのだ。主であればすべての国に悉《ことごと》く主であるはずだ」（萬暦43年6月）

「昔、太平の時にジュシェンと漢人とが商売を行う際、漢人の官人の妻等ばかりでなく、小者の妻等でさえもジュシェンに見せず、ジュシェンの大人等を見下し侮蔑し、凌《しの》いで拳で打ち、門にさえも立たせなかった」（天命10年正月）

まるで現在のウイグル人やチベット人が怒っているようだが、このような周辺国を無視するニカン人の伝統的な傲慢《ごうまん》さを中華思想といい、当時から周辺諸民族は忌《い》み嫌ったものである。

中韓はお互いを信じておらず仲は悪いが、腐れ縁のように助け合い、状況次第では平然と裏切るという歴史的な背景を併せ持つ。前述の「相互不信的幇助関係」としか言いようがない。

朴氏が中国の習近平国家主席に擦《す》り寄る行動を取ったのも、このような歴史的な背景からきている。ということは、あの関係もいずれ裏切り合いが始まることを意味していた。

中韓の「正しさ」の押しつけ

同じような特性を持つ中国人と韓国人だが、その行動パターンを理解するうえで欠かせないのが「正当性」と「正統性」の違いである。わが日本国では区別するのが難しいが、この二つの違いをきちんと認識することで、朴氏の過度な反日行動の原因も分かる。

では、「正当性」と「正統性」はどう違うのか。まず、正当性は「これが正しい！」「俺が正しい！」と正当であることを信じるのが正当性だ。だから異端からも正当な権力は生まれる。16世紀頃まで、カルヴァン派はキリスト旧教にとって異端だったが、ここから当時のジュネーブの新政権が出てくる。

一方で、正統性は「どちらが正しいか。こちらだ！」という選択を経て選ばれたものが正統で、除かれたものが異端である。正しさを判断する際には権威ある公的な選択を経たもの、という解釈が成り立つ。

お分かりになるだろうか。正当性には公的な選択がない。「俺は偉い！」「俺が正しい！」という正当性、すなわち中華思想である。中国が東シナ海に設定した防空識別圏にしても「俺たちが正しいから防空識別圏を敷くんだ」という正当性で、当然、世界からは全く受け入れられていない。しかし「自分たちが正しい」ということに関しては、「正統性」よりも強い。

他方で、朝鮮を論じる際には「正統性」を用いる。なぜなら南北に分かれる朝鮮半島では、どちらに国家の正統性があるかを即断することは困難で、韓国国内でも北朝鮮に国家の正統性がある、と主張する勢力と、韓国側にこそ正統性があるとする勢力に分かれるからである。

韓国では1990年代に北朝鮮の思想工作が大学に浸透し、ソウル大学を中心として大学の自治会が次々と主体《チユチエ》思想派に乗っ取られていくなど、今日の従北勢力の基盤を形成した。これを北朝鮮では、韓国に解放の根拠地を作るということで「民主基地論」と呼ぶ。1946年に金日成《キムイルソン》によって唱えられた革命路線だったが、これがまさに成功したのがいまの韓国である。

韓国史という「偶像」の押しつけ

思想工作の影響を受けた政治家が、朴槿恵政権の内部や野党側には大勢いた。今次の文在寅政権は政権自体が従北派だ。彼らは「北朝鮮は故金日成国家主席が独立戦争を戦った。だから北朝鮮に国家の『正統性』がある」と主張する。「正統性があるのは南北どちらだ？独立戦争を戦ったから北朝鮮にある！」という解釈である。

前にも少し触れたが、独立戦争といっても、金日成は東北抗日聯軍《れんぐん》という中国軍のなかの一将校にすぎなかった。１９３４年から６年間ほど戦い、最後は日本の討伐隊に追われて命からがら極東ソ連領に逃げ込む。唯一の戦勝は普天堡《ふてんほ》の戦いのみ。１９３７年、普天堡という町を取り囲み、材木屋に火を放ち、郵便局に押し入って金を盗み、交番を襲って警官10人を殺して逃げた、というだけのものだが、北朝鮮ではこれを「普天堡大会戦」と呼んで戦跡としている。これでも一応の正統性は担保される。

他方で、韓国は近代史上、日本軍と戦ったことがない。韓国が主張する戦いは１９２０年の青山里《チョンサンリ》戦闘一回きりで、敵は朝鮮人匪賊《ひぞく》だった。日本の無条件降伏と米軍進駐によって棚ぼた式に独立を得た韓国には、そもそも国家の正統性というものがない。一般の韓国人もそのことは知っていて、北の政権に比べて自分たちの政権に正統性の点で瑕疵《かし》があることに気づいている。

なんとか正統性を得るため、青山里の戦闘で勝ったという嘘を定着させようと韓国は骨を折ってきたが、戦場に残ったのは日本軍であった。敗けたほうが戦場に残る道理はない。正統性を保つために韓国が英雄として誇るのは、爆弾魔のテロリストだけだ。爆弾テロリストを英雄に仕立てなければならないのは、いまの韓国の悲哀であり、私が危惧《きぐ》しているのは、反日教育でテロリストや爆弾魔を解放運動の英雄だと刷り込まれ、頭のなかがIRA（アイルランド共和軍）のようになった韓国の若者が「自分も英雄になりたい」と思って、爆弾をもって海を渡ってくる危険性があるということである。

韓国人は自分に都合のよいように歴史を作ってしまう。そしてそれを偶像のように崇め、日本に押しつけてくるのである。

神無き国の「歴史」信仰

それではどうして、韓国や中国は、「歴史！　歴史！」と言って、歴史認識問題で日本にケンカを売り続けるのであろうか。それも自分たちに都合よく作った、「書かれた歴史」であり、民族に染み付いた、歴史的個性というか、つまり体得された歴史態の方ではない。華夷《かい》秩序や李朝宮廷のイガンヂルとか、社会習俗のヌンチとかは、「韓国史」に全然書かれていない。書かれているのは、韓国が善で、日本が悪だという、善悪史観、それに自分たちが素晴らしいという自尊史観だけである。

なぜ彼らがこうも歴史にこだわるのか。日本人ならば近代の実証研究の基盤があるから、出来事の連鎖に矛盾のない歴史を書けばよいのだと、みなが知っている。ところがこれが、中国人や韓国人にはどうにも分からないのである。

なぜなのかと、私も長年考え続けたのだが、どうもこうとしか言えない。まず結論から言ってしまおう。「彼らは世界ではまれな無神論地帯の住人であり、自分たちの祖先崇拝しか知らない。代わって日本人は有神論地帯にいるのだが、隣国が無神論地帯のため、宗教論争や宗教戦争を経験したことがない。ゆえに宗教的にはまったく無自覚で寺社のお詣《まい》りをしているのに、神様を信じていないと言ったりする」。

中国や韓国では、どこの国にもいる動物神や自然神やご利益神以外の抽象的な神らしきものも実は神ではない。道教の玉皇大帝《ぎょくこう》には旧暦の1月9日という誕生日がある。人間なのだ。彼らにとっての本物の神は、自分たちの宗族《そうぞく》（男系血族）の祖先神であり、他家の祖先は全部ゴースト（有鬼、亡霊）にすぎない。ゆえに日本の神社に祀《まつ》られた神々も全部ゴーストとしか思えない。靖國神社もしかりである。

中韓は自国の「書かれた歴史」を偶像のように無欠と信じて、日本に歴史認識の変更を迫ってくる。とすれば、世界の諸民族・諸国民にとって偶像は神をかたどった神の代わりであるから、中韓は「書かれた歴史」を神の代用として疑似宗教戦争を仕掛けてくるのだ、と言えるのではないだろうか。なぜならば、中韓は神がいない、無神論地帯だから、神では相手の信仰を攻撃できない。宗教戦争は信仰の争いであるから、自分の信仰に他者を屈服させればよい。この目的のために、神に代わる自分たちの歴史信仰を押し付けようとする。

以上の罠《わな》に日本は、はまってしまったのだと思う。日本は神々がいる有神論地帯であるにかかわらず、異民族との宗教戦争を経験したことがない。対立や抗争があれば、自らの信仰に自覚的にならざるを得ないが、この自覚が民族として脱落している。前に述べた、奴隷制や宦官《かんがん》や宮刑《きゅうけい》のような「人間の家畜視」ができないという、民族にとっての脱落部分と同様の「脱落のプロトコル」（脱落命題）である。

これについて、呉智英《くれともふさ》氏がよく分からないという（『週刊ポスト』２０１８年8月3日号）

ので説明しておく。民族とは何かといえば、「因果ストーリを共有する人々」のことである。因果ストーリとは、「歴史、文法、慣習、常識」などのことを言う。こうなればこういう行動をとるとか、こう喋ればうまく通じるとか、「こうするとこうなる」式の因果のストーリである。これを豊かにするのが文化だ。刺し身はこう切ると日本料理が美しくなるとか、そういう体得の集積である。

以上のような根拠のある実体として「民族」があるが、この「民族」は十全なものではなく、アプリオリに欠落を伴っている。「人間の家畜視」ができず、「奴隷」がどうしても分からない「日本民族」には、これが命題だ。なぜならば、これが分からないと、ソ連人にシベリアに奴隷として捕囚されても、「シベリア抑留」だと思ってしまう。韓国人に「慰安婦は性奴隷だ」と言われても、違うと言い返せない。ぬれぎぬを着せられ、「日本民族」を弱めてしまう。

だから、命題として学習しなければならないのだ。といっても、実践する必要はないし、そんなことは現代ではできない。知覚経験はないのだから思考経験として学習すればよいのである。そして二度と外国に「ハメられる」ことのないように注意する。ゆえに「脱落のプロトコル」と呼ぶことにした。

日本人にとって「歴史」は実証的に記述すればよい、人文社会科学である。信仰などではない。ところが中韓にとっては「歴史」が神に代わる信仰であることに気づかなかった。そして彼らの戦争に巻き込まれ、最後まで信仰に対して科学で対処しようとしたのである。それが、日韓歴史共同研究であり、日中歴史共同研究であった。

朝鮮朱子学の文化破壊

現代のキリスト教までご利益神になっている韓国だが、一方では無類の思想好きであった。韓国人の本質を理解するには、まずは朝鮮が儒教国であるということを認識する必要がある。その際に注意すべきは、朝鮮は孔子派の儒教国でもなければ、孟子派の儒教国でもない。徹頭徹尾、朱子派の儒教国であるということだ。

儒教にも他の宗教同様、様々な宗派がある。朝鮮を孔子派の儒教国と思っていると、アイルランドをプロテスタントの国と思うほどの間違いを犯すことになる。

朱子学は南宋《なんそう》の朱子が作った儒教で、本来は排他性が強い。当時、北方民族が攻めてきているし、朱子の住む中国南方では民衆は道教を拝み、仏教で葬式をしていた。それらはみな異端、儒教こそ正道だ、というのが朱子学の主張である。

朱子学が江戸時代に普及し、儒者の伊藤仁斎《じんさい》などはこれを消化しようと29歳で引きこもりになり、8年経って世に出て塾を開いた。

弟子が「先生、『仁』とは何ですか?」と問うと、「誠実で律儀に人に接することじゃ」と答えた。「『恕《じょ》』とは?」と尋ねると、「思いやりじゃ、やさしくしてあげればいいのじゃ」と語った。朱子学で一番重要な「天理」については、「お天道様じゃ」と返した。

日本では正統とか異端とか区別しない。神道と仏教は見事に習合し、いまではキリスト教式で結婚式をあげたりする。江戸の儒者たちも寛容だった。

一方で、朝鮮では高麗《こうらい》王朝の衰亡を招いた仏教を果敢に棄《す》て、15世紀から中華の「礼《しきたり》」を核とする朱子派の儒教を全幅に受容し、その実践を始めた。その過程は今日、韓国人が儒教を自然に広まった美風と解するような甘いものではなく、人為強制的で直接身体に暴力の及ぶ思想教化であり、排他的な社会改造であった。

ある日、突然、捕縛吏《ほばくり》がやって来て、親の3年の喪《も》に服していないといっては彼を棍棒《こんぼう》で打ちすえる。良い墓地を探そうと骨を安置しておけば、不葬者として一族絶島《ぜっとう》送りになる。良婦二夫にまみえずという節婦道徳を強制され、前朝の風習どおりに夫の喪をといて再嫁《さいか》していた女性たちは捕えられ、拷問された。寡婦《かふ》の再婚はこの後、1894年に改革が断行されるまでかなわなかったのである。

商人などは身を濁世《じょくせ》に処し利をもとめる俗人であるとされ、ことあるごとに弾圧された。商店などは王朝御用達《ごようたし》の特権商人以外は禁止され、20世紀初頭まではこの禁が解かれなかった。

そして仏教を徹底的に否定したため、従来の葬儀や招魂《しょうこん》を司《つかさど》っていたシャーマンや僧侶は弾圧されてソウルから放逐《ほうちく》、山野を彷徨《ほうこう》するなど、土木工事の人夫《にんぷ》になる者以外は盗賊として処罰された。19世紀末に至るまで、朝鮮では僧侶は賤民《せんみん》扱いでソウルに入ることも許されなかった。

殺しあう学者、棄てられた民

石像の首を次々と刎《は》ね、仏教寺院も破壊、寺に多く付属していた茶園は枯れ果てた。今日、韓国人のいう韓国伝統茶は1980年代以降、韓国に渡った日本種であり、偽物である。仏教は全滅、韓国には文化遺産がほとんど残されていない。

韓国を訪れたイタリア人の旅行者が「なぜ韓国には史跡が少ないのか」と尋ねたところ、韓国人ツアーガイドが「豊臣秀吉によってみんな破壊されたからだ」と答えた。すると、そのイタリア人は「豊臣秀吉はすごい。原爆を何発持っていたのか」とユーモアで返したという笑い話があるが、韓国人は豊臣秀吉が韓国の仏教寺院を破壊し尽くしたという日本人の悪を信じて疑わない。

朱子学では自分がどれだけ「正しい」か、自分がどれだけ相手より「正統性」があるか、どれだけ自分のほうに「理」があるかを競う。そして「理」を多くわがものとした者ほど、天の理をより多く心性に含むものとして上位に立つ。これを賢者といい、君子という。下方に封じ込められた相手は自分より正統性で劣った小人である。

聖人・君子・小人・禽獣《きんじゅう》・草木の差別があり、より優れたものがより劣ったものを統治する。この階梯《かいてい》を昇るために儒教の古典を読み、心安らかに徳を鍛え、中国の礼教に則って冠婚葬祭の礼法を実践し、磨くのである。そうすると濁った気が晴れて次第に澄んでくる、とした。劣ったものは気が濁っていると決めつけ、3年間の喪に服さなかったり、再婚した女性を棍棒で打ちすえる行為を「民の濁気を払う」としていた。

李朝の儒者たちは、「理」の争奪戦を繰り広げる。朱子学の解釈権を握り、科挙《かきょ》の試験官を自派で占める。合格者は官僚になって、学閥は権力を手に入れる。儒者の塾は棍棒で武装し、敵方の打ち壊しまでした。朝鮮史では、これを「党争」という。

他方で李朝時代の一般庶民は、商人卑賤視、商業抑圧のイデオロギーとその実践の被害をまともに蒙《こうむ》り、ほとんど自給自足に近い極貧の経済のなかで500年間の生の営みを繰り広げなければならなかった。

反日運動の根源にあるもの

なぜ李朝の儒者たちは、ここまで徹底した朱子派の儒教教化を行ったのか。その理由は、宗主国である中国よりも儒教の礼をより忠実に実践することで、宗主国を精神的に凌駕《りょうが》するという「正統性」の獲得にあった。朝鮮では、中国に対するコンプレックスと、中国以上に中華の礼儀を実践しているというプライド（正統性）が15世紀から並行して起こっていたのだ。

中国はそもそも朱子学が合わなかったので、陽明学のほうが広まった。王陽明先生に弟子が意見を聞く。「先生、私はぜひとも古代の音楽を復元したいと思います」。先生はおっしゃる。「うん。しなくていいよ。それは全部、君の心のなかにあるのだ」。これが陽明学の「心即理《しんそくり》」である。「思っているモノは実在だ」という超（ウルトラ）実念論で、防空識別圏も、中国人が思ったわけだから実在することになりかねないのだ。

朱子学から陽明学へと移行した中国に行った使臣が朝鮮に帰って来ると、中国で見たままを報告する。

「王様、中国人は喪の最中に酒を飲み、肉を食らって宴会をしております」

朝鮮の儒者たちは、儒教の本場・中国で朱子の言説どおりに喪中の禁酒、断肉食が行われていないことを知ると、中国に対して強い優越感を持ち始める。そして、わが国ではこのような汚らわしい行いがないよう一層大明律《だいみんりつ》（明国の法律）の教化を徹底し、律に照らして罪を問わねばならない！　と、朝鮮の王は絶叫したのだった。

16世紀後半の朝鮮儒者の日記には、「中国は禽獣に近い卑《いや》しい国」との記述があり、この矜持《きょうじ》は17世紀の女真族による明国の滅亡と清国の建国により決定的なものとなる。中華が女真族という「夷狄《いてき》」（蛮族）に征服されたことにより、自分たちこそが中華の礼を受け継ぐ者という正統性を獲得したのだ。これを朝鮮思想史では「小中華思想」と呼ぶ。以後、朝鮮は「大明国の東の壁」を自称し、清国からの流れを汲む文化を悉《ことごと》くはねつけた。

歴史上、この正統性は李朝期を通じて肥大化していくのだが、日韓合邦時代になると今度は別の夷狄日本に占領されたのだという劣等感となる。韓国人から見ると、倭《わ》（日本）人は中国の衣冠（衣裳と冠）に従わなかった野蛮人であった。衣冠というのは儒教の重大事であるから、つまり礼儀知らずということになる。その衣冠を朝鮮が日本に教えてやったのに、日本はそれを「正しく」使用する能力を欠いていたので異様な有り様となった。それが今日の倭の習俗である、という認識である。

このように、朝鮮民族の日本民族に対する侮蔑は歴史上、根深い。近代の幕開けに、日本が東アジアの人々の憎悪の対象とならざるを得なかったのは、華夷秩序という朝鮮が正統性を獲得した安定的なシステムを日本——それも野蛮国である日本が——粉々に打ち砕いてしまったことに要因がある。これは、このシステムに安住していた人々には許し難いことであった。

そのため、日本の敗戦後は儒教教育の復興が叫ばれ、小中華思想の復活により正統性の再構築が図られた。だからこそ、反日運動は常に日本夷狄視とリンクして今日に至っているのだ。

韓国人は正統性の奴隷

いまや韓国は、国内的にも国外的にも「正統性の奴隷」と化している。「剣道も茶道もうちが正統で、日本が亜流。孔子さまも韓国人、中国人ではない」。周りの国々が唖然《あぜん》とするウリナラ起源説を滔々《とうとう》と述べる。これぞ正統性コンプレックスの極みだ。

職業差別は現在も続いており、「サムスンにあらずんば人にあらず」という言葉どおり、大企業に勤めていない人間の正統性は認められない。大財閥がGDPの70パーセント余を稼ぎ出し、サムスン電子が22パーセントを占める。中小企業は事業を恥じて育たず、順調な発展が期待できない。

狂騒的とも思える今日の韓国の受験戦争も、大学の銘柄が一生を左右してしまうという敗者復活戦なき社会の苛酷《かこく》さを浮き彫りにしている。ソウル大学、延世《ヨンセ》大学、高麗《コリョ》大学、梨花《イファ》女子大学以外は、大学としての正統性が認められない。そして自らの正統性ばかりを主張するため、他人（ナム）との継続的な信頼関係を構築することが困難である。人を見ると即座に自分より上か下か、自分より正統性がある人間かどうかを値踏みする。下だとみれば、約束など簡単に反古《ほご》にする。

真に不気味なのは、相手の腕を急にぎゅっと摑んで、はめている腕時計が自分より上か下かの価格の値踏みをすることである。ローレックスかオメガか、何なのか確かめようとする。日韓歴史共同研究委員会の韓国側幹事だった鄭在貞《チョンジェジョン》教授にこれをやられた時には戦慄《せんりつ》が走り、総毛立《そうけだ》った。ハイエナが屍肉《しにく》を見分けるような舌なめずりの下品さである。こういうことを本当にする。

鄭在貞という人物は、のちに東北アジア歴史財団という韓国反日機関の理事長になり、国際交流基金から日韓のよき理解者として賞を与えられた。真に恥ずべきことである。

韓国人の歴史態は、形状記憶合金のように限りなく李朝に戻っていく。正統性を得るためには、世界でも類例を見ないほど卑劣なことを平然とやる。イガンヂルがそのよい例だ。

そして、教えても、助けても、意味がない。援助しても、感謝など一切しない。むしろその10倍、20倍と際限なく要求してくる。もはや、韓国人とは関わらないのが一番である。

正統性コンプレックス「ウリジナル」

国家というのはハード、民族というのはそこに入るソフトだと思うと分かりやすい。大小の民族が五十以上ある中国では、いったい誰が中国人なのかよく分からない。そこで、「中華民族」などというウソをつく。

民族とは何かといえば、「因果のストーリを共有する人々」のことである。この因果ストーリに、歴史、文法、慣習、常識などが入る。こうなればこういう行動を取るとか、こう喋ればうまく通じるとか、こう言えばこの人が常識人だと分かるとか、「こうするとこうなる」式の因果ストーリである。これを豊かにするのが文化だ。刺身はこう切ると日本料理が美しくなるとか、そういう体得の集積である。

韓国はこれがダメだ。もともと宗主国文化を主の文化として、自分たちの文化を育てなかった。伝統胸着のチョゴリだってチェゲジメグチ（蒙古《もうこ》文語）、壁掛けのメドゥプはシナの結芸《チエイー》、シナ料理の火鍋子《フオクオツ》はそのままコリア料理の神仙炉《シンソンノ》に化けている。

古典文芸も全く見るものがない。前述した大阪市大の野崎充彦さん、この人は朝鮮古典文学の専門家で、長い研究の末、「朝鮮古典文学の特徴は朝鮮の不在である」という結論に達してしまった。舞台も主人公もほとんどシナだからだ。

その上、70年代に文教部主導で、「我々は中国文化を受け入れそれを模倣するに留まらず、またそれに同化しわが文化の本当の姿を失うことはなかった。わが民族は中国文化を受容し、それを民族と国家の繁栄に適切に、再び創意力を発揮し、新しい文化を創造してきた」（韓国教育開発院『高等学校世界史』〈国定〉、大韓教科書株式会社、１９７９年、１２７頁）と、また自己チュウのウソを全国に教え広めてしまった。

これが、「受容すれば我々のものだ」という、いわゆる「ウリジナル」へと発展していくのである。剣道も茶道も孔子様までウリ（自分たち）のモノと言ってはばからなくなった。

文教部のこの文教政策を陰で後押ししていたのが、当時の儒学者たちであった。

「韓国儒学は、中国のそれを受容したという点において中国儒学との共通性ないし一般性を有しており、その点ではどこまでも我々の創造ではない受容された文化だったのである。しかしそれをいったん受容したのちにおいては、直《ただ》ちに我々の文化として、これを定着させたのみならず、日本などにこれを拡散させたほどであって、この点よりすればそれはまさに我々の文化であり、創造的成果であり、拡散であったのであって、その限りにおいてはそれは主体的なものであったと言いうる」（尹南漢、論文「韓国儒学史」中央文化研究院編『韓国文化史新論』韓国中央大学出版局、1975年）

結局、ウリジナルとは、「本家乗っ取りの思想」であり、正統性コンプレックスの空虚な結実であった。

強権的な為政者と楽天的な民衆

韓国の民衆というのは、どうしようもなく楽天的で無防備ですらある。それと、水と油のように、威圧的で強権的で差別的な支配層やその予備軍の知識層たちが何故いるのか、そこから考えてみないといけない。これには前述した地政学が大いに関係している。

繰り返すが、朝鮮半島には、地理的な防壁がない。これが大きな特徴であり、独立を守るという観点から見れば、初めから立国条件を欠いているのである。

国を守ることを諦めているから、民衆は無防備であり、逆に言えば、楽天的で単純である。不可能であるならば諦めるしかないというわけだが、対する支配者は無力であり、かつ無責任なのだ。

10世紀から11世紀にかけて契丹《きったん》が、朝鮮半島にあった高麗に侵攻した際には、王は民衆を置いて逃走し、16世紀に日本の豊臣秀吉が朝鮮に侵攻したときも、李朝の王は逃げている。17世紀に入ると、清のホンタイジが二度にわたって朝鮮半島に侵攻したわけだが、李朝の王はやはり江華島《こうかとう》に逃走した。ここには逃避用の王宮までしつらえられていた。

この歴史態は、つい六十余年前の朝鮮戦争のときも変わらなかった。戦火を相まみえた南北の指導者は、ともに逃げたのである。まず、北の侵攻を受けた韓国の李承晩《イスンマン》大統領は、漢江《ハンガン》にかかる橋を爆破して、軍隊も民衆も置き去りにしたまま、後方へ逃げた。逆に北がアメリカ軍の反撃を受け、敗走を重ねるようになると、金日成朝鮮人民軍最高司令官は平壌を脱出し、後の戦いを中国の彭徳懐《ほうとくかい》将軍に丸投げしたまま満洲の通化まで逃げ込んだのであった。

朝鮮半島の為政者は、無力で無責任なことを抑圧・隠蔽《いんぺい》するために、非常に強権的、高圧的、かつ差別的である。民衆に対しても、中国以外の他国に対しても、北朝鮮の強硬で強権的な政治はいまさら説明する必要もないが、韓国でもＤＮＡは同じである。これがひどいのが朴氏の父と娘だった。

こういう権力者たちに、諦めきった民衆が抱く無念と不満の蓄積が、いわゆる「恨《ハン》」というものの正体ということになる。前章でみたように、上役は汚職や贈収賄《ぞうしゅうわい》で捕まっても、すぐに監獄から出てくる。いつも恩赦なので、李朝時代には「濫赦《らんしゃ》（乱赦）」と言っていた。いまも同じである。つまり、あまりにも法治が無さすぎるのだ。

学生運動で破壊活動を行っても、政治犯・思想犯は将来偉くなるので待遇がちがう。死刑宣告を受けても恩赦で出てきて、そんなことを繰り返すうちに箔《はく》がつき、いつしか野党の議員になる。そのよい例が内乱陰謀を企てたとして逮捕された統合進歩党（２０１１年～２０１４年）の李石基《イソッキ》議員である。

朴槿恵前大統領が多重債務者への徳政令《とくせいれい》を実施したのを見れば、韓国の資本主義が破壊されたことは分かるが、民主主義もまた同様である。韓国の国会は、権力者側の与党が強圧的であるせいか、強行採決が多用され、しばしば暴力事件にまで発展した。

1966年には、国会で人糞をまき散らすという事件も起きており、1985年には鉄パイプの持ち込み事件もあった。2011年には議場で催涙弾《さいるいだん》が炸裂《さくれつ》した。あまりにひどいので、「国会先進化法」と称する法律をつくり強行採決をできないようにしたところ、今度は法案が通らなくなってしまった。

つまり、国会は機能不全に陥《おちい》ったのだ。第一、「国会先進化法」という法律名自体が異様である。自分たちは先進国なのだから、国会での暴力沙汰はよそうという意味なのである。これも先進国に正統性を求めた、正統性コンプレックスの空虚な結実であろう。

日韓基本条約で決着済みの戦時徴用についても、韓国の最高裁が新日鉄住金や三菱重工業に賠償を命じる判決を出しているが、これで国際ルールも守れない国だということもはっきりした。昔に遡《さかのぼ》って過去の親日を断罪する遡及法までつくり、これを実施している。つまり韓国は法治ができない、法治国家になることができない国だったということなのである。

東洋的専制主義があふれ出す

私が親しかった北朝鮮の専門家で、ハワイ大学の徐大粛《ソデスク》教授は、よく私に言っていた。「朝鮮民族にとっては民主主義も共産主義も合わなかった。南は民主政治ではないし、北は独裁の階級社会だ」と、私が訳した本の中でも、普段の会話でも歯に衣着せなかった。その言葉は当たっていた。

現代の中国と朝鮮半島を大きな目で見ると、東洋的専制主義があふれ出している。オリエンタル・デスポティズム（oriental despotism）だが、専制に対して従属、隷属《れいぞく》する側からみれば、総体的従属主義、総体的隷属主義と言い換えることもできる。

中国が何をしているかというと、２０１０年７月に国防動員法を施行した。これは国民をいかようにも動員できるという法律で、まさに東洋的専制なのである。

なぜ国防動員法を制定したか、理由は中華思想から来る対外的な拡大である。実際に同法施行直後の９月に尖閣沖の漁船事件が起きたが、これは一続きのシナリオの一つである。12年４月には、フィリピンに対して主権を主張するスカボロー礁に監視船を急派し、比海軍とにらみ合う事件を起こし、同年９月には日本の尖閣諸島国有化を受け、領海侵犯を続けるようにもなった。翌13年11月、東シナ海に防空識別圏の設定、14年１月には南シナ海のいわゆる「九段線」内で漁業規制をかけている。

中国、朝鮮半島、日本のことを地理的には一括《ひとくく》りにして「東アジア」と呼ぶが、中国・韓国・北朝鮮と日本の間には地政学的に大きな溝がある。日本海である。

私がまだ20歳代で若かった当時、世界には二つの近代化があると信じられていた。西洋近代化と東洋近代化である。ここで西洋というのは米大陸と西ヨーロッパで、彼らから見ての東側が、東欧・ソ連からユーラシア大陸を股にかけて中国・北朝鮮まで広がっていた。だから、日本から見て中国・北朝鮮は方角としては西にあるが、日本では彼らを「東アジア」と呼ぶ。一方、日本は西洋近代諸国の西端に位置していた。ゆえに地政学的には、日本海は両体制間の深い海溝ということになる。韓国は38度線より北に行けないのだから、日本海に浮かぶ島と変わりない。

西洋近代化は資本主義、東洋近代化は社会主義が経済制度だった。政治制度は、西洋近代化のほうが民主主義で、東洋近代化のほうは一人独裁、あるいは一党独裁の専制主義である。そこで、両者の間に冷戦というにらみ合いが40年あまり続いた。

初めはどちらが勝つかわからなかったものだから、日本中が二派となって冷戦を体験した。西洋近代化を支持するのは財界と政界の主流、東洋近代化の味方は政界の次流と大多数の知識人によって荷《にな》われた。何しろ資本主義は伝統の共同体を次々破壊して突き進むものだから悪なのだと後者は認識した。東洋近代化のほうは、非常にうまく伝統の共同体を残し独自色を生かして進んでいる。だから善だと思われた。

勝負は80年代の後半にはついてきた。社会主義の近代化はどうもうまくいかない。生産性が高まらず、いつまでたっても民衆は貧困に閉ざされている。その極が北朝鮮である。独自色を生かしていたはずの音楽や絵画などの芸術は、楽器不足や紙不足でついに息絶えてしまう。だいいち、腹がへって何もできない。

1991年、ソ連邦が崩壊した。中国は、専制主義のまま資本主義をはじめる。うまくいくのかと当初危ぶまれたが、資本主義自体がグローバル化すると問題がなくなった。西洋近代化の規範が低くなったからである。契約概念がなくても、人は国境を越えて直接商売できるようになった。パソコンの発達がそれを後押しした。バイヤーは入境してからパソコンを立ち上げ、めぼしい工場を探せる。社会主義時代に培《つちか》った技術力で安価なパクリ商品を大量につくる。だが、契約概念がないので商品は危なくなった。不良品の続出、知的財産権の無視、毒食の流通など、グローバル資本主義は危険を抱えることになった。

韓国は西洋近代化に失敗した

西洋近代化を続けていた日本はどうなったか。もちろん伝統の共同体はずいぶんと破壊された。西洋近代化とは、単純化して言えば民主主義と資本主義の導入だが、それに合わない歴史態を日本が捨てていった過程でもある。

政治の世界からは武闘派も、政治家に張り付く番記者も消えた。親玉に子分が総体的に隷属する派閥が弱体化し、ボスの新年会には皆が行かなくなった。田中角栄氏の新年会では、大皿にブリ大根の大盛り、ソーセージの大盛り、いなりずしの大盛りが定番だったが、それらも今では良い思い出になった。

サラリーマンは会社の帰りにみんなで酒を飲んで愚痴をいい、憂さを晴らす機会を失った。それどころか、サラリーマンはビジネス・パーソンとか言われるようになった。彼らは正月に上司の家の新年会に呼ばれると嫌々行くようになり、やがてその新年会も消えていった。

これはけっこう大変な過程だったが、啓蒙《けいもう》精神、民主主義、科学主義、合理主義、知性主義、個性の尊重、契約の概念、国際ルールの遵守《じゅんしゅ》など、次々とクリヤーし、近代化を完遂した。

中国が西洋近代化に背を向ける国家だとすれば、北朝鮮は、近代化が西洋近代化以外では不可能であることを明らかにした国である。西洋近代化を数値1とすれば、中国はやる気がないので0、北朝鮮は逆のことをやってしまったのでマイナス1だろう。韓国はどうかと言えば、管見では形状記憶合金のようにどんどん昔へ戻っていくから、今1と0の間、0・4くらい。やがて0になって中国と付き合いやすくなるであろうか。それが専門家としては悲しい。

日本は西洋近代化を自分なりにやりきってしまったので、1で止まって、不安げに2の方へ歩み出している。もはや手本がなく、先が分からないからポストモダンということになる。

中韓は今後、より接近するだろう。韓国は貿易統計を見る限り経済的にも中国に頼るようになっているし、中国は助けてくれると思い込んでいる。ただし、歴史的にお互いに裏切り合う関係だから、都合が悪くなれば、中国は韓国を簡単に切り捨てるだろう。

1995年から2000年にかけて、未曾有《みぞう》の大飢饉が北朝鮮を襲ったことがある。中国の大躍進時代と文化大革命時代と同様、核とミサイル開発に経済力のほとんどを費やし、人民を飢餓線上に放り出したのである。これを北朝鮮では「苦難の行軍時代」と呼ぶが、これは自画自賛で、本当は何百万人もが飢えて死んだ。

このとき、北朝鮮は中国に穀物を送ってくれと再三要請した。当時中国は穀物がダブつき気味で、一部には腐敗が起きていたほど豊作だった。だが中国は、北朝鮮の百万トン単位の要請にもかかわらず、わずか数十万トンしか支援しなかったのである。もちろん締めあげるためであり、中国とはそのような国なのだ。

非韓三原則を貫け

韓国には、「教えず、助けず、かかわらず」、この非韓三原則を貫くのが日本として一番の良策である。

2013年12月、南スーダンの国連平和維持活動(PKO)に参加する韓国軍が「一人当たり弾丸・15発」で紛争地に送り出された。15発ではマガジンの半分にしか満たない。弾があれば威嚇射撃ができるが、ないとできない。すぐに殺し合いになる。なんとひどい政府か、と思うのが正しい。国連、韓国から要請があったので、日本は人道的に弾を送った。韓国政府は要請しなかったと後にくつがえした。そして韓国の国防部報道官が軍に対して「助けられたことは忘れろという言葉がある」と教え、さらに靖國神社参拝問題を持ち出し日本を批判した。韓国はここまで堕落しているのである。

日本は韓国を助けてはならない。韓国を助けるためだと思って手を差し伸べれば、逆に溝の向こう側に引きずり込まれるからだ。悪の支配する精神世界を「ダーク・サイド」(暗黒面）として描き、一人の男が正しいことをしようとしてダーク・サイドに落ちる過程を描いた有名な映画「スター・ウォーズ」がある。それと同じである。韓国を助けることが正しいと思いこむとダーク・サイドに落ちる。

南北朝鮮の二つの国は、そう簡単には一つにならない。なっても北の貧困と南の堕落が結合するだけである。混乱は長期に及ぶだろう。両国ともますます日本に迷惑をかけるだけである。ゆえに、日本はなるべくかかわらないように、ダマしダマし彼らから距離を取るべきなのである。

第5章

韓国と北朝鮮は「一国二制度」になるか

「北のほうがまだマシ」という人々

自由経済の今の韓国からすると、北朝鮮のやり方はいかにも安定感があり、自立した体制に見えるらしい。

韓国経済は80年代まではそれなりにうまくいっていたのに、ちょっと豊かになったと思ったら、国民はクレジットカードを何枚も持つようになり、浪費に浪費を重ねて遊び呆け、97年に経済破綻《はたん》を引き起こしてしまった。そのときに債権を大量に買いたたかれて、それからは外資占有率の異常に高い国になった。

サムスン電子などは50パーセント以上、第一銀行など100パーセントが外資だ。いくら対中国貿易でGDPを増やし、一人当たりGDPが日本を越えそうだと胸を張っても、裏では毎年4月の投資家への配当でごそっとアメリカに持って行かれる。アメリカに実質的にほぼ飲み込まれてしまい、国民はつねに従属感に悩まされるようになった。いわゆる経済植民地である。

この国際的に従属した地位を脱し、もっと自立した国にするために朴槿恵前大統領がとった経済政策はすべて失敗した。年金、雇用政策、大企業優遇の緩和策、どれもまったく機能せず、「幸せな国にします」という最初の公約はどこかへ吹き飛んでしまった。

どのみち貧しいのなら、経済はなきに等しくとも、少なくとも従属経済ではない、自立している北のほうがまだマシじゃないかと国民も思うようになった。朴槿恵前大統領の経済政策の失敗は、従北勢力を強めただけの結果に終わった。

さらに、韓国の人々には国家の正統性は北にあるという思いがある。

中国名でチン・スーリン（金司令）と呼ばれていた金日成《キムイルソン》国家主席は、かつて中国共産党の満洲抗日聯軍《れんぐん》第二軍の6番目の師長だったから、間違いなく日本と戦っている。同じような朝鮮人軍人はほかにもいたが、そのなかで極東ソ連軍が白羽の矢を立て、お墨付きを与えたのが金日成だった。ソ連の傀儡《かいらい》とはいえ、彼はまがりなりにも北朝鮮という国家を建設した。そして傀儡という軛《くびき》から逃れるために考えたのが主体《チユチエ》思想なのだ。

それに対して韓国は日本と戦ってもいないし、独立運動もなかった。タナボタ式に独立してしまったから国家としての正統性がない。

さらに、金日成主席は１９４６年に「民主基地論」を提唱した。これは北を根拠地・基地とみなして南に「革命」（思想工作）を及ぼすという構想で、これが40年後、みごとに結実することになる。

83年にマルクス主義関連の書籍に対する段階的「融和処置」が取られ、87年の「6・29宣言」により言論界や大学に対する統制の緩和が図られ、90年代に韓国が中国はじめ社会主義国と次々に国交を結ぶ時代になると、北の工作員が韓国の各大学の自治会を中心に浸透し、今日の従北勢力の基礎を築いたのである。当時の大学の学生新聞には、「主体思想とはどんな科学か」「主体思想に学ぼう」などという見出しが躍っていた。その世代が今50歳代になって、政権、司法、軍隊、マスコミに入り込んでいる。

従北勢力に支配されたマスコミは北に都合の悪いことは一切報道しないし、司法に入り込んだ細胞は、日韓基本条約で片付いているはずの三菱重工業の徴用工問題などを平気で蒸し返す。日韓基本条約は国家同士の取り決めだから、司法はそれとは別の判決を出していいという理屈だ。彼らは国家のいうことなど聞かない。三権分立はすでに破綻し、その意味でも法治主義の国ではないのだ。

南北「高麗民主連邦共和国」構想

金大中《キムデジュン》、盧武鉉《ノムヒョン》の左翼政権の時代、２０００年6月と07年10月に南北首脳会談が行われ、北朝鮮に対し、裏で国家予算相当分の支援を行い、これが核開発につながった。韓国の援助によって北朝鮮は核を持つことができたから、政体としては韓国より強固なのだ。

その意味では金正日《キムジョンイル》総書記は天才と言っていいだろう。核がなければこの国は駄目だと彼にはわかっていたから、住民を飢餓線上に追い込んで、資金をすべて核に注《つ》ぎ込んだ。飢餓と経済的困難を乗り越えようというスローガン、「苦難の行軍時代」を掲げたのが1996年である。李《リ》朝の時代とは違って、現代の廊下国家では核を持つしかない。そのおかげで指導者としての能力に欠ける息子の時代になっても、韓国を抑えつけていられる。実に、素晴らしい戦略である。

韓国ではすでに法治主義と人権が崩壊している。次に民主主義が全壊したら、近代を支えていたものが次々と倒れることになる。そして、古代ばりの東洋的専制政治に回帰し、体制はどんどん北朝鮮に近づいていく。最終的には似たもの同士うまく交流できるようになるかもしれない。

その前段階として現在の従北・北朝鮮シンパの人たちがいるのだ。2017年5月には、朴槿恵氏の失政の果てに、文在寅《ムンジェイン》氏が大統領選挙で当選し、南に従北政権が誕生してしまった。マスコミに洗脳された民衆は、彼らを「進歩派の政権」と呼ぶ。

朝鮮戦争が起こらないだけでなく、こうしたプロセスを経て南北の統一が成される可能性が大いにある。そうなると、同じく金日成主席が1980年10月の朝鮮労働党第6次大会において提唱した「高麗民主連邦共和国」構想が生きてくる。これは一民族・一国家・二制度・二政府の下で連邦制による統一を果たそうという主張だ。南北の地方政府が独自の政策を実施し、二つの体制が共存することを前提に、お互いに干渉せず、思想の強要もしない。この連邦共和国構想を採るかもしれない。

とはいえ、この構想が実現しても、たちまち内紛が起きる可能性もある。朝鮮民族は、3人いると四つ派閥ができると言われる民族である。皆目見当がつかないと、隣にいる以上、日本としても困るので、色々と考えてみよう。

二つの経済戦略の狭間で

「主の替わる古壺」(シナ)は巨大な経済圏である。それに比して、「行き止まりの廊下」(コリア)は経済圏になり得ないほど弱小だった。「廊下」が取るべき戦略は、二つしかなかった。一つは自由に交易する自由経済戦略。もう一つは、国境を閉じ特権商人だけに交易させる防衛経済戦略である。

前者の時代が高麗時代(918～1392年)と、日本の朝鮮統治時代(1910～194

5年）と、これまでの韓国（1948年〜現在）の三つの時代だ。

後者の時代が李朝時代（1392〜1910年）とこれまでの北朝鮮（1948年〜現在）の二つの時代である。

近代になると今まで関係のなかった日本が関わるようになる。シナの「古壺」に蓄えられた技術品や工芸品はすべて骨董品に成り下がり、「古壺」の代役を日本が果たすことになった。そして自由経済戦略が採られ、日本の朝鮮統治時代になる。したがって自由経済戦略の時代は、高麗時代・日本統治時代・韓国時代ということになる。他方、防衛経済戦略の時代は、李朝時代・北朝鮮時代である。

この二つの特徴として、まず後者の場合、「防衛経済戦略の時代」から踏み込んでいくことにしたい。

李朝時代には、モンゴルによる過酷な支配を脱し、元《げん》末の紙幣濫発《らんぱつ》による経済的な大混乱に巻き込まれた経験から、極度に防衛的な経済政策がとられた。

自由交易の禁止、民衆の商業活動を抑制する抑商政策、特権商人による支配階級のための限定交易などが柱になった。

特権商人たちは対馬《つしま》との交易でシナの白糸と日本銀を交換する。その日本銀で朝貢使節に下人や馬夫《ばふ》身分で数百人単位でついてゆき、支配階級のために北京で高価な技術品や工芸品を買い付けるのである。これが朝貢の意義で、人数分ご褒美（回賜、賞賜という）もくれるのでこれも売り物になった。

１６７３年から１７３５年の約60年間で李朝に支払われた日本銀は２５０余万両に達した。ところが長崎貿易で絹織物、白糸が直接日本に輸入されることになると、対馬藩の李朝との交易は先細って行った。新しい銀の供給源となったのは、１７９７年から始まった、李朝の朝貢使節が北京に持ち込んだ紅參《こうさん》（赤人参）だった。これで清朝の銀が李朝に還流するようになり、李朝は貿易を続けられるようになったのである。

北朝鮮は李朝にそっくり

他方、民衆の方は物々交換の原始的な経済のままずっと放置されていた。官の許しを得ずに、私的に商売した者を「乱廛《らんてん》（＝乱店）」というが、18世紀の末まで取り締まりの対象だった。官が勝手な商売をさせないのである。だから京城（ソウル・漢城）にはほぼ店屋がなかった。両班《ヤンバン》相手の鍮器屋《ちゆうきや》と筆屋しかないのだ。

李朝の王様の朝議の席で、ある高官が次のように報告した。

「あるとき街路で乱廛をした者が連行される光景に出くわしたが、その様子に驚かされただけでなく、私の後ろで見ていた者たちも『乱廛をして連行されていくのではないか』と皆嘆息していた。この例を以《もっ》て考えると、乱廛（の取り締まり）にも弊害があるようだ」（『備辺司謄録』正祖《まさそ》15年正月28日条）

李朝では私商が厳禁だったのだ。これを知らず、マルクス経済史学者に騙された、大学院修士時代の私は、「開城商人の研究」などと、無いものの研究をしてしまったわけである。

こんな経済状況だったので、李氏朝鮮は18世紀まで古代に固定されていた。これがガラガラと崩れてゆく。17世紀以来組織されつつあった商人ギルド（六矣廛《ろくいてん》）は、支配階級自らが他の商人たちと個別に結託したのでズボズボになり、他方民間では自前の染料がないので民衆は木綿生地の白衣の姿、結局針一本作れない技術水準のまま、近代日本に併呑《へいどん》される日を迎えた。

ここまでの話で、李朝が北朝鮮そっくりなのが分かるだろうか。「行き止まりの廊下」が、隣の巨大な経済圏に呑み込まれるのを避けるためには、国境をある程度政策として閉ざし、「防衛経済戦略の時代」を意識的に作らなければならない。だがそうすると、支配階級の「贅沢品《ぜいたくひん》」に支障が出て困る。そこで特権商人を指定して、支配階級だけのために交易を許可するのである。結果、国内は貧困に閉ざされ、民衆は行商人の集まる不潔な市場に投げ出される。

北朝鮮で言えば、特権商人とは金正日時代の39号室配下の貿易会社たちがこれに当たる。支配階級のために、イタリア製のクルーザーから、永谷園のお茶漬けまで買い付ける。私は1990年の北朝鮮社会科学者協会の招待旅行の際、運転手に日本酒の200㎖パックを賄賂《わいろ》にやって、幹部専用デパートに車を横づけさせて直接見た。自由交易で商品が入ってくるわけではないので、平壌の町にはまともな店屋もない。地方に至っては、つねに春先の飢饉による餓死に怯《おび》えなければならない。隣国に巨大な経済圏をもった弱小国の経済戦略の一つが、以上である。

自由経済では呑み込まれる！

他方、もう一つの経済戦略である「自由経済戦略の時代」の場合、「行き止まりの廊下」は隣の巨大な経済圏に吸収され、その末端に連なるという形でしか生存することができなくなる。その両者を繋ぐ動脈の役割をかつては満洲が担《にな》っていた。

高麗時代には、モンゴルの第二代オゴタイ・ハーンが六度攻め込み、多くの高麗人を満洲の遼陽《りょうよう》と瀋陽《しんよう》に連れ去り、高麗人のコロニーを作った。これを遼陽行省という。高麗人は貴族も民衆も遼陽行省に親戚をもち、自由に交易してシナ地域の技術品や工芸品を手に入れていた。

だが米や布などの一次産品しか売るもののない高麗経済は、シナ経済の末端に吸収され、12世紀からは高麗銀がどんどんと流出し、14世紀後半には高麗の銀山は掘り尽くされてしまうのであった。こうして高麗は飢餓輸出国に転落するのである。

そして高麗人は自分からモンゴル人になってしまった。高麗王が1278年、国中に上国（モンゴル）の服装と蒙古辮髪《べんぱつ》に倣《なら》うよう布告（高麗史巻72、輿服条）したとき、フビライ・ハーンはこれを知って、「汝《なんじ》の国の礼儀はどこに捨ててしまったのだ」（同巻28、4年秋7月甲申条）と、心底あきれたほどだった。

日本統治時代もこれと類似である。ただ日本が近代化政策を施したために、朝鮮には売る物が生じた。資本主義の原則にのっとって、それが日本に輸出され、朝鮮も年平均3・7パーセントの経済成長を遂げた。だが、朝鮮人は日本人になってしまった。巨大な経済圏の末端に連なると、「行き止まりの廊下」は、いとも容易に自立性を失うのである。日本の皇民化による同化政策は、日本統治時代の最後の5年間にすぎなかったと、我々に教えてくれたのは、神戸大学の木村幹《かん》教授だった。戦時動員によるたったの5年間の教育で、あれほどまでに日本人になってしまうというのは、あり得ないことである。

つまり李朝建国の祖、李成桂《りせいけい》の父親がモンゴルの千戸長《せんこちょう》・李子春、モンゴル名ウルスブハだったことと、韓国の朴槿恵前大統領の父、故朴正熙《パクチョンヒ》元大統領が満洲国軍の将校・高木正雄（日本名）だったことは相似なのである。

この因果ストーリから、将来南北が統一国家へと向かえば、巨大な中国経済圏に自然に呑み込まれ、漢字使用が中国の簡体字として復活し、韓国人の名前が中国風に変わってしまうことは、大いに先見されるところである。

韓国は「廊下国家」の特異な寵児

さて、自由経済時代の3番目、韓国時代は朝鮮半島のすべての時代から見て極めて特異な時代であり、自由経済でも隣国の巨大な経済圏に呑み込まれることなく、韓国人の名前が隣国風になることもなく、かえって漢字は廃されてハングル専用であった。加えて、朝鮮半島の歴史がすべて自立的だったかのごとく偽造され、思想はことごとく反日思想で塗りつぶされた。

なぜこのような自立的な時代が可能だったのか。それは38度線、ＤＭＺ（非武装中立地帯）、それどころか北朝鮮の存在自体がひとつの要害の役割を果たし、隣国の巨大な経済圏に併呑されることを妨げていたからである。つまり地政学的には、「行き止まりの廊下」から南部だけが引き離されて一種「島化」した存在だったと言えるだろう。

この時代を下支えしたのが、米国の韓国防衛を可能にした米韓相互防衛条約（１９５３年10月）、そして日本の経済援助を可能にした日韓基本条約（１９６５年６月）だったことは論を俟《ま》たない。前者は軍事的に、後者は経済的に韓国の自立を促し、朝鮮の特異な一時代を現出させせたのである。

日韓基本条約とその付随協定の結果、韓国は、独立以前の約53億ドルにも上る日本資産の返還請求から解放され、逆に、日本から無償有償の計５億ドル相当、さらに民間融資も３億ドル以上得たのだった。この頃の韓国の国家予算は３・５億ドルだから、それがどれだけ大きな助けだったか言うまでもない。このときの経済発展、いわゆる「漢江《ハンガン》の奇跡」は、この援助によって成し遂げられた。

米国の韓国防衛に関しては、１９５０年1月に締結された米韓軍事協定があったが、朝鮮戦争における北の南進に全く無力であった反省から、新たに米韓相互防衛条約が結ばれた。その第4条で、韓国防衛のためアメリカが韓国領土内と周辺に陸・海・空軍を配置する権利を認めたことが記されており、これが在韓米軍の根拠になっている。

韓国軍の作戦指揮権は1950年より国連軍に委譲されていたが、78年にできた米韓連合司令部（実質は米軍）に作戦統制権（Operational control）として継承され、冷戦終結後の94年に、平時の作戦統制権は韓国軍に移管され、有事では韓国軍が引き続き米軍の指揮下に入ることになった。この戦時作戦統制権は2012年4月、米韓連合司令部から韓国軍に移管される予定となっていたが、北朝鮮情勢の悪化を受けて15年末に延期され、さらに2020年代中ごろまで延期された。

この間、2012年に朴槿惠氏が大統領に選出され、17年には文在寅氏が大統領に取って代わった。この従北政権の誕生は、在韓米軍の根拠に大きな揺らぎをもたらすことになったのだった。

韓国のシャーマン・崔順実ゲート事件

韓国朴槿惠政権（2013～17年）は、1990年代以降韓国に根付いた左翼勢力に強権で臨み、全国教職員労働組合（全教組）に「労組失格条件是正命令」の最後通告を行ったり、憲法裁判所を使い、統合進歩党を解散させたり、民主労組を大量検挙したりした。

経済政策は、財閥の抑制、年金制度改革などすべてに失敗した。家計債務は増え続け、貿易は中国に過度に傾斜したため、中国の低迷を大きく反映するようになった。企業・銀行は外資の占有率が高く、経済植民地のようになり、最後まで歪《いびつ》な経済構造に振り回され続けた。若年失業率は高く、高齢者の自殺も高く、朴氏は次第に国民の支持を失っていった。

2016年10月、韓国で崔順実《チエスンシル》ゲートが発覚した。これは朴槿惠前大統領の友人、女性実業家にして宗教家の崔順実氏が朴氏を通じて国政に介入し、また財閥・企業・財団・大学に対する強要・介入・汚職・不正入学を行ったという、驚くべき事件である。

韓国の女性は今でも悩み事があるとムーダン（韓国のシャーマン、巫女《ふじよ》）に相談し、懇意になるという歴史態を持つが、朴氏はこれを大統領身分でやってしまった。つまり朴槿惠という人は、イガンヂルといい、ムーダンといい、韓国の「書かれた歴史」とは異なる、「歴史態」の方の民族的な体現者になってしまったのだ。

ゆえに、歴史家や歴史学者は使命感をもって、書かれた歴史と歴史態との間に、できるだけ矛盾のない因果ストーリを作らなければ、朴氏のような未来に対処できない人々を様々な形で生んでしまうことになるのである。この事件は、王朝の因果ストーリから言えば、儒教国家だったにもかかわらず、宮中に巫術師《ふじゅつし》が出入りしていた李朝の伝統への回帰だとも言える。口寄せあるいは占いを専業とするムーダンは王朝としては禁令であったが、宮中がこの密儀の誘惑に勝てたことはなかった。

また、朴槿恵前大統領と一宗教人との関係があれほどずぶずぶになってしまうのは、韓国という不信社会で、「チョン・トゥルダ（情が入る）」の間柄になると、このような結末に終わることが多いということである。そうなると、人間関係に底がなくなることはすべての韓国人が知っている。この関係を築くために、崔容疑者の父の宗教団体創設者、崔太敏《チエテミン》氏が朴槿恵氏の家族関係を故意に破壊したと言われている。

この事件が起こると、従北勢力に操られた大規模デモが、10月から11月にかけて、数十万人規模で6回も起こり、朴氏は国民向けの談話で自らの進退をすべて国会に委《ゆだ》ねる意向を表明、12月9日に国会で弾劾《だんがい》追訴案が可決され、翌2017年3月10日、憲法裁判所が朴槿恵大統領に対する弾劾裁判について、8名の裁判官全員一致で「弾劾は妥当」とする決定を下した。これにより朴槿恵は大統領職を罷免《ひめん》された。裁判官たちは従北勢力に脅されていたため、事実認定と法解釈は実はデタラメなものだった。従北勢力は街角で、チャウシェスク政権を倒したルーマニア人のように欣喜雀躍《きんきじゃくやく》として踊っていた。民主主義国家として実に恥ずべきことである。

遅れた左翼・文在寅政権の時代錯誤

代わって大統領に当選した文在寅氏は、朝鮮戦争時の脱北避難民で巨済島《コジェド》の行商人の子。貧乏人を無慈悲に蹴とばす韓国社会で、何処かしらの援助なしに大統領になれたとは、私には到底思われない。1970年代には学生運動に身を投じ、大学卒業後弁護士となり、盧武鉉政権の側近に成り上がり、第二回目の南北首脳会談をお膳立てした。筋金入りの左翼で、まさに従北勢力である。

2017年9月、米シンクタンク大西洋協議会の世界市民賞授与式で、「私はロウソク革命から生まれた大統領だ」と、ぶち上げた。朴槿恵退陣の夜間のロウソクを手にした左派煽動の「100万人デモ」を革命と呼んでいるらしい。学生運動の気分を残した「書生政権」だと言えるだろう。日本では、左翼やオールド・リベラリストに教育された学生たちが、全学連・全共闘と二度の「革命の再現実験」をして、みんな不幸になったので、二度とこんなバカなことは言わないし、しない。

実は韓国の左翼というのは、相当遅れた左翼だと言わなければならない。

いま私の手元に、１９８０年4月15日付の契約書のコピーが残されている。私が韓国の名門大学、延世大学の日本語教師として赴任した時のもので、もう字もかすれている。ハングルの太枠篆書《てんしょ》体で印が押され、原物には仰々《ぎょうぎょう》しく金ぴかの丸いシールが貼られていた。契約書第４項に、「本学堂で勤務する期間に月21万5千ウォンの俸給を支払うことを契約事項として申し添える」と、書かれていた。

当時の私は26歳、大学院を出て行く場所もなく、友人の勧めで韓国に渡ることにした。着いてすぐ、送られてきた契約書をもって延世大学の当該事務所を訪れた時のことは忘れられない。

当時韓国の大学出の会社員の平均給与は30万ウォンと聞いていた。宿舎もあると手紙にあったので、まあなんとか暮らせるのではないかと安心していたのだが、事務員が下手な日本語で、「給与は15万ウォンしか出せない。宿舎はないので下宿を探せ」というのにはさすがに驚いた。

「契約書と違うじゃないか」と言うと、返ってきた答えがふるっている。「じゃ、帰るか」と言うではないか。私は心中で、「一流大学からしてこれだ。こんな国なのだ」と、呟《つぶや》いた。

これが私の受けた韓国という不信社会の「洗礼」である。

洗脳された韓国人の北への友愛

さて、給料がたったの15万ウォンなのには困った。翌日、日本語教師の先輩に連れられて下宿さがしをした。場所的に安い売春街のとある下宿屋で、5万ウォンをさらに3万ウォンに値切ったところ、2階の奥の物置きを開けてくれた。次は家庭教師の内職さがしだ。さいわい先輩の友人が周旋《しゅうせん》してくれた。女子大生の日本語教師だった。「さて、何を読もうか」と、女の子に問うと、「これでお願いします」と、机の下からこっそり出してきたのは、何とマルクス・エンゲルスの『共産党宣言』だった。韓国では、1983年にマルクス主義関連の書籍に対する段階的「融和処置」が取られたばかりだった。

岩波文庫版の『共産党宣言』をこそこそと見せられて、私は心の中で、「まだこんなに遅れているのか。日本の戦前みたいじゃないか」と呟いた。その後、物置き部屋の斜め向かいの下宿生と仲良くなり、その高麗大学の友人が活動学生だった。彼も足しげく私の部屋を訪れた。マルクス経済学を私から教えてもらうためである。

私は親切なので、労働価値説から本源的蓄積あたりまで、『資本論』をしっかりと教えてあげた。私は79年に、レニングラードの裏街に失業者の群れを見るまで、『資本論』を熟読していたので簡単に教えられた。これが、２０００年に極左政党、民主労働党を立ち上げ、現在、正義党院内代表となった魯會燦《ノフエチャン》氏（２０１８年7月23日に、マルクス主義者として自殺）の若き日の姿であった。今では、日本版のウィキペディアにまで、韓国の政治家として載っているので、本当に驚いてしまう。当時、マルクス主義については、まっさらだった。

韓国の左翼がとても遅れていることが、これで分かっていただけただろうか。ここに１９８７年「６・29盧泰愚《ノテウ》宣言」による政治的自由化が起こり、90年代からは、韓国の大学自治会にマルクス・レーニン主義のみならず、北の主体思想の思想工作が浸透し、ソ連崩壊後は、かえって北の「革命伝統」がはびこっていくのである。それは北の正統性神話だった。結局、金日成の「民主基地論」、北の根拠地から南に革命を及ぼす論のまったき成就であった。

いまの文在寅（現在、主体思想派として存命）は、１９９８年の金大中政権、03年の盧武鉉政権と続いた親北政権が、遅れた左翼世代に支えられ、ついに従北政権となったものであり、北朝鮮の工作の全面的勝利の上に成り立っている。この大統領３人の演出した北朝鮮友愛こそが、韓国民洗脳の正体であった。

ツーカーの仲の南北首脳会談

2018年4月28日朝、NHKの「おはよう日本」を見ていると、前日の南北首脳会談・板門店《はんもんてん》宣言の後、韓国の文在寅大統領と、北朝鮮の金正恩労働党委員長の2人が手をつなぎ合って、ニコニコしている姿が映し出された。

朝鮮民族の男同士は仲がいいと、「お手々をつなぐ」。もっときわまると、一緒のアサガオで小便までする。非信用社会ならではの親愛の奇習だが、私も滞韓中に3回くらい誘われただろうか。そんな時は、「カッチ・ヌジャ」という。「一緒に小便しましょう」の意である。2人はそんなことを言い合う仲に見えた。さらに朴槿恵と崔順実のように、「チョン・トゥルダ(情が入る)」の間柄になると、もっと恐ろしい。

両首脳はもちろんしょっちゅう、南北電話回線で親密に話をしているのである。板門店宣言には、「両首脳は定期的な会談と電話協議で懸案を随時協議する」とあるが、これは後付けだ。それよりも、「年内に朝鮮戦争の終戦宣言を行い、休戦協定を平和協定に転換するため、南北米または南北米中の協議を進める」の文言《もんごん》の方が大ごとだ。両首脳は、年内には南北統一の端緒《たんちょ》にこぎつこうと言っているのである。

朝鮮戦争の停戦協定は、国連軍司令官（つまり米国）、中国人民志願軍（つまり中国）、朝鮮人民軍司令官（つまり北朝鮮）の三者で調印された。韓国の李承晩《イスンマン》は拒否したが、調印には従った。だから文言には、「南北米または南北米中の協議」とある。一応中国の歴史的な役割に配慮しているが、時代は変わった、三者で早く終戦してしまっても構わない、そうしたらすぐ平和協定をする、そうすれば核兵器を保有したまま平和体制が構築される、そうなると核はもう除けなくなる。会談後の演台でも金正恩は「非核化」とは一言も言わなかった。ひたすら民族の融和を強調しただけだった。南北両政府が何を優先順位に置いているか、そんなことはもう明らかであろう。「核を保有したままの統一国家」だ。そんな手には米国も、隣の中国も絶対に乗らない。大連での5月の中朝首脳会談で、習近平氏は、はやる金正恩氏の終戦宣言に難色を示したという（東京新聞6月25日付）。ゆえに北朝鮮が先に核兵器を破棄するのでなければ、終戦宣言も平和協定もあり得ない。

薄気味のわるい米朝首脳会談

同年6月12日に、トランプ米大統領と金正恩朝鮮労働党委員長はシンガポールで初の米朝首脳会談を行い、共同声明に署名した。

文書には、トランプ政権が北朝鮮に求め続けた「完全かつ検証可能で不可逆的な非核化（ＣＶＩＤ）」という文言は盛り込まれず、非核化の時期や具体的な行動にも触れず、朝鮮戦争の終戦にも言及しなかった。かえって北朝鮮の安全の保証の提供は約束された。

ＣＶＩＤから見れば、内容はスカスカだが、朝鮮戦争の終戦、すなわち平和協定は問題外で、「平和体制の構築に協力する」だったのだから、アメリカは表で、中国は裏でしっかりと抑えていた。世界史から見ても、向こう側から見ても、弱小国が強大国を凌駕《りょうが》することは絶対にあり得ないことなのだ。

リアリストにはそんなことは分かり切ったことなのだが、日本の多くの人々は、大学でリベラリストの政治学ばかり習うので、世界の「調和」「均衡」ばかり考える。米朝の均衡をまず考えるので、スカスカの内容だったのは、金正恩の手柄のようにまで言う識者がいた。だが、トランプ氏はリアリストであり、リアリストの政治学の方が、近代以後の世界ではよほど合っている。

リアリストの政治学というのは、米学者のジョン・ミヤシャイマーを例にとれば、①世界にガバナンスの中心はない。②各国は一定の武力を持っている。③各国が何を考え、しようとしているのかは分からない。という至ってシンプルなものだ。トランプ氏は始めから、世界の調和とか均衡とか、露ほども考えていないのである。ベスト（予定調和）は無い、ベター（うちの国の取り分＝国益）をとれ、ということがよく分かっている。だからよその国や、国内のリベラリストから見ると強引に見える大統領なのである。

ゆえに強引なはずの、普段のトランプ氏から見ると、共同声明後の記者会見がまた、実に薄気味わるかった。「素晴らしい成果だ、平和の前奏曲だ」とぶち上げ、金正恩氏をやたらめったらほめちぎった。「才能のある人」「一万人に一人のタフな若者」「とても良い人」「頭もいい」「優れた交渉者」。共同声明も、その後の記者会見もすべて内実がなく、スカスカで実に薄気味がわるい。

「在韓米軍」は根拠を失った

我々が気がつかないうちに、世界の因果のストーリは変わってしまっていたのだ。在韓米軍は、次の米中衝突、つまり米中冷戦時代から見れば、もはやトリップ・ワイヤー（「寄らば斬るぞ」戦略）にもならない。中国本土に近すぎるため、これでは単なる「人質」である。それにひどく金がかかるので、アメリカはこれまで何度も撤退しようとしたが、その都度韓国の政権に引き留められてきた。

ところが、2017年、親北朝鮮の文在寅政権が立つと状況は一変した。文在寅大統領は、南北首脳会談で見せたように、金正恩委員長と「お手々つないで」しまうような仲である。何でこのような政権が立ったのか。何度も書いてきたが、それは1946年に金日成が提唱した「民主基地論」による対南工作の成就なのだ。

韓国国民まで洗脳されてしまい、北朝鮮が「凍土の共和国」であることすら、知らされていない。私の言葉で言えば、防衛経済戦略を取り続ける「貧窮の古代王国」である。統一に向かえば大変なことになることくらい、分かりそうなものだが、多くの韓国民衆や、「朝日・毎日・東京」の韓国担当の新聞記者たちにも分からないらしい。「北朝鮮が発展している」などと言ったりする人がいる。

彼らは、中国担当者も同じだが、決して地方に行こうとしない。都市の繁栄ばかり見ようとするのである。北朝鮮の地方の山々を見よ。段々畑政策の失敗でみんな崩れている。雨で崩れた土砂が川に堆積《たいせき》して中州《なかす》を作っている。それで洪水が絶えない。山の坑道は最も危険な職場だ。崩れても添え木も満足にない。協同農場には山から落ちてきた大岩がゴロゴロと転がっている。「百年河清《かせい》をまつ」などと諺《ことわざ》に言うが、そんなのも悠長に思える。私はその光景を見たので、自分の目は欺《あざむ》けない。

そしてその恐ろしい国から、新しい因果ストーリに沿って、次々と恐ろしいことが起ってくることだろう。「高麗民主連邦共和国」が始まれば、それも金日成氏の1980年の論の実現である。南の政権は、もはや在韓米軍を引き留めたりはしない。アメリカ議会の民主党も共和党も撤退には賛成である。在韓米軍は既にその根拠を失っているのだ。

だから米朝首脳会談どおりに、もしも事が順調に進めば、北朝鮮のWMD（大量破壊兵器）破棄→終戦宣言→南北平和協定→在韓米軍撤退→南北朝鮮の統一→日米防衛ラインの玄界灘までの南下→米中冷戦の日本最前線化、ということになるかと、思われる。

長期間かかる大量破壊兵器破棄

さて、核ミサイルを含むWMDの破棄には、大変な時間がかかる。

ボルトン大統領補佐官の言う「リビア方式」にしても、実は短期間ではなかったのだ。小谷哲男《こたにてつお》氏（明海大学外国語学部准教授・日本国際問題研究所主任研究員）によれば、カダフィ政権は、2003年にブッシュ政権下のアメリカとイギリスにWMDを破棄する意思を伝達し、そこから秘密交渉が、9カ月に亘《わた》って行われた（「米朝『核合意』の必要十分条件」『ニューズウィーク日本版』2018年6月12日号）という。

交渉を経て、ＩＡＥＡ（国際原子力機関）の査察を受け入れ、04年から米軍がリビアの核開発データや資材、濃縮ウランなどをリビア国外に空輸する非核化作業が実行された。この過程が、島田洋一氏（福井県立大学教授）の言うように、非常にスピーディーで、３カ月で完了されたのだった（「南北の『笑み』を歴史的と呼ぶな」産経新聞４月30日付）。

今回の米朝合意では、金正恩委員長が、まず非核化に手を付けることになっているから、これから始まる秘密交渉は、リビアの９カ月よりも、もっと長期間に亘ることだろう。その過程で、米国が北朝鮮の不実をなじるハードルは、今回の合意でずっと低くなった。

なにしろあれほど金正恩委員長を誉めちぎり、彼が平和の前奏曲を奏でたことにしたのだから、爆撃と同時に「この裏切り者！　平和の破壊者！」と、そう世界に宣言すればよい。世界は米国を非難することはないだろう。つまりアメリカは今回の合意で、平和のアリバイ（平和に反する側にはいないという意味）をしっかりと作ったのである。

爆撃は「ロック・オン」された

爆撃ということになれば、二つの方法が考えられる。以下は、藤井厳喜氏（国際政治学者・ケンブリッジ・フォーキャスト・グループ代表取締役）による。一つは、核兵器や大量破壊兵器の実験場や生産施設のみを狙った「外科手術的攻撃（サージカル・ストライク）」。もう一つは「衝撃と恐怖作戦」と呼ばれるもので、何の前触れもなく、ある日突然、北朝鮮のすべての軍事拠点を同時に攻撃する（藤井厳喜・古田博司「北朝鮮攻撃なら戦術核も！」『WiLL』2018年7月号。すごいタイトルが付いているが、これは編集部のやりすぎである）。

とにかく、今回の米朝首脳会談で、アメリカは選択肢を増やし、北朝鮮は一層追い込まれた。口約束だが、金正恩氏は会談で、北朝鮮国内にある弾道ミサイルのエンジン実験施設を破壊する意向を伝えたという。これが第一の「誠実・不誠実のマーカー」になることだろう。これは米本土に届くICBM（大陸間弾道ミサイル）を完成させないという意志表示になるからである。その実施は、上空からの熱感知ですぐに分かると、トランプ氏は語った。

ゆえに、米朝会談通りに事が進まなかった場合には、米韓合同演習の再開↓米の北朝鮮急襲↓在韓米軍の脱出（いくらか被害を被るかもしれない）↓大量の難民の韓国南下↓韓国経済の崩壊↓朝鮮半島のバッファー・ゾーン（緩衝《かんしょう》地帯）再開↓日米防衛ラインの玄界灘までの南下↓日本の米中冷戦の最前線化、ということになるのではないかと思われる。中国にとってはこちらの方がベターかもしれない。

北朝鮮の独裁力は弱まっている

爆撃しなくてもよい事態を私も望んでいる。だがどのみち、日本の米中冷戦の最前線化は避けられないから、日本は何もしないでも同じである。関わるとかえって火の粉を浴びる。板門店宣言の当事国には入っていないのだから幸いである。WMD（大量破壊兵器）搬出の費用と、IAEA査察の費用は負担させられるだろうが、結果は同じだからうんと値切るのが賢明であろう。あと考えるべきことは、2番目のストーリから発生する朝鮮半島からの難民の処置である。

また、1番目のストーリがうまく行かないとすれば、それには北朝鮮国内の問題が関わって来ることだろう。北朝鮮側が、共同声明を誠実に履行すればよいのだが、じつは北朝鮮は金日成氏の時代のように完全な独裁体制になっているとは言い難い、と思う。

朝鮮は地政学的には「行き止まりの廊下」であり、外寇《がいこう》から国を守れる地形ではなかった。そのため、王がまず逃避するので、王権が非常に弱い。政権は常に王と家臣団とのシーソーの上で、辛うじて支えられてきた。李朝の太祖からして、後継者決定を自己意志でしていないのだ。

だから北朝鮮も、その家臣団の派閥を常に粛清《しゆくせい》しながら、独裁機能を高めるという政権運営を余儀なくされてきた。金日成氏は、「国内派」「ソ連派」「延安派（中国派）」「甲山派」と、順に粛清し、最後に自分の出身母胎を粛清し、独裁を確固たるものにしたのであった。

金正日氏は、党と軍の派閥を競わせて常時粛清し、最終的に「先軍政治」といい、軍を優遇して自己防衛するとともに、核開発の大義に向けて全国力を傾けたのであった。この潮目の1997年に、労働党イデオロギー担当書記だった黄長燁《ファンジャンヨプ》氏の亡命があったが、おそらく党の優遇を解かれ、粛清前に斥出されたものだろう。

金正恩氏の時代に入ってからは、どうも派閥の粛清が見えてこない。単発的に叔父を殺害したり、異母兄弟を暗殺したりして、見た目に派手なだけである。それに伝わってくることは、内部の汚職や越権、腐敗ばかりだ。ここから視えることは、李朝の王権に近いシーソー型にもどってしまっている可能性がある。朝鮮半島の地政学では、王権の確立には、大規模にしても時々にしても、恒常的な粛清を必要とするのである。そうでないと独裁が引き締まらない。

とすれば、金正恩氏は、祖父や父のように強い権力を振るうことができていないのではないか。祖父のバリカン頭、デブの猪首、度のない眼鏡を真似しているが、カリスマの継承はいまいちと思われる。さらに、まだ業績もない。

果たして金正恩氏に家臣団を抑えて、ＷＭＤ破棄に向かうことができるであろうか。金正日将軍が育てた「栄光の朝鮮人民軍」は、抵抗することであろう。

アブダクション（推論）を使って先見してみよう

とすれば、今回の薄気味のわるい米朝首脳会談にもし裏があるとすれば、それは「「ＷＭＤ破棄」⇅体制の保証（＝金正恩氏の身の安全）」＋「在韓米軍の撤退」の交換条件だろう。すでに根拠を失った在韓米軍の撤退はアメリカには軽い価値だが、北朝鮮・韓国・中国・日本にとってはまだ重い価値である。金正恩氏が身の安全にこだわったのは、斬首作戦もすでに功を奏していて、金正恩氏の居場所が筒抜けなほど政権内部は独裁が緩んでいる。こんな風に考えて見ると、米哲学者のＣ・Ｓ・パースのアブダクション（推論）を適用すれば次のようになるのではないだろうか。

ＣＶＩＤ無しのスカスカの合意と「金正恩ほめ殺し」という薄気味のわるい首脳会談（疑問）。↓アメリカは平和のアリバイ作りで北の優位に立ち、トランプ氏は国内の人気を上げた（直観）。↓身の安全を保証された金正恩氏は在韓米軍撤退の条件を呑み、ＷＭＤ

破棄を約した（大きな因果ストーリ）。↓根拠を失った在韓米軍は撤退することになり、損せずに儲かるのでトランプ氏はほくそ笑んだ。平和の前奏者にされた金正恩氏が破約すれば爆撃すればよい。調和や均衡などないのだから、後はその時になってまた考えればよい（推論）。↓統一したい文在寅氏も、米軍も北の核も除きたい中国の習近平氏も、金正恩氏の報告を受けて大喜びした。トランプ氏は11月の米国中間選挙の票を大いに稼いだ（おまけ効果）。

以上、あくまでも推論である。間違っていたら、ごめんなさい。経験上、現実は1番目のストーリと2番目のストーリの中間くらいになることが多い。主体思想派の政権下に、「疑似革命」が行われて保守派が弾圧され、財閥企業が国有化され、連邦制が前倒しされて、自由韓国が自滅するという最悪の事態も考えておかなければならないだろう。

ただ、在韓米軍がその根拠を失っていることは確かである。そして北朝鮮が核放棄をしなければ、終戦宣言も、平和協定も、南北統一もあり得ないことも確かである。もう一つ付け加えれば、韓国は米国に捨てられた。やがて中国経済圏に呑み込まれ、日本が米中冷戦の最前線になる。玄界灘に着目しよう。「愚痴や未練は玄界灘に捨てて太鼓の乱れ打ち」と、テレビで石川さゆりが「無法松の一生」を歌いだす日が来るかもしれない。

第6章

歴史をめぐる争いで、韓国の手に乗るな！

慰安婦合意を喜ぶのは早計だった

慰安婦合意については、私はずっと警鐘《けいしょう》を鳴らしてきた。実際、２０１６年1月7日付産経新聞正論欄には、次のような論考を書いたが、ほぼ予想通りとなった。以下、正論欄をそのまま載せる。

人間のすることで、持続し続けるものを挙げることは難しい。苦しみは必ず終わるときがくるが、喜びもやがてはかき消える。だから、人は希望は持ってもぬか喜びをしないことだ。「慰安婦」日韓合意も然《しか》りである。

２０１５年12月28日、岸田外相と尹炳世《ユンビョンセ》外相は会談の後に、慰安婦問題の合意を共同記者会見で表明したが、正式な合意文書はなく記者からの質問も受け付けない異例の形となった。合意文書は世論の動向を懸念する韓国側の要請によって見送られた。ここがおそらくはこれからの外交戦略の鍵であろう。

韓国側は、ソウルの日本大使館前の慰安婦を象徴する少女像の撤去に努力すると合意したが、韓国挺身隊問題対策協議会など元慰安婦支援六団体は「屈辱的な談合だ」と早くも反発を強めている。日本側は、努力するという合意の実行を韓国側に執拗に求め、韓国国内で政権と世論の間に大きな揺らぎを生じさせることが肝要である。

20世紀の歴史学者マイネッケは次のように述べている。「（小国は）権力が乏しければ乏しいほど、ますます強く国家理性（＝国益）の強制によって醜い手段の使用に追いやられることがある。このことによって、小国の一段と不愉快な政策は、もはや道徳的に非難されず、むしろ因果的に是認されたのである」（マイネッケ『近代史における国家理性の理念』）

日本がなすべきことは、韓国国内の「道徳的非難」を韓国政府に向けさせ、「不愉快な因果」を徹底的に断ち切ることである。

今回、朴槿恵政権が合意したのは、2016年4月の総選挙を有利に進めるため、韓国民の嫌う安倍晋三首相からのお詫びと謝罪金という、鬼の首を取ることが目的であるにすぎない。従って、4月以前に慰安婦像の撤去をまず実現しなければ、韓国側は鬼の首だけを取って平然と約束を反故《ほご》にすることであろう。反古と言わなくても、彼らには伝統的な遷延《せんえん》策という引き延ばしの戦術があることを忘れてはならない。韓国にとっては、少女像撤去も、アメリカのTHAAD（終末高高度防衛ミサイル）設置と同じ遷延戦術の要にある。

ゆえに日本側としては、「お詫び」をできる限り引き延ばして対抗する必要があるだろう。岸田外相は、共同記者会見発表で「慰安婦問題は、当時の軍の関与のもとに、多数の女性の名誉と尊厳を深く傷つけた問題であり、日本政府は責任を痛感している」と言及した。これはアメリカ政府向けの外務省的言辞だろうが、政府や学者、市民団体の努力により、アメリカは既に慰安婦がキャンプフォロワー（camp follower）であることを知っている。中国に離間策を取られぬよう、とりあえず日韓の不和を解消しておきたいというのが望みであるから、この言辞はここで終わりにして良いと思われる。

つぎに韓国政府が設置する財団に、日本政府が10億円程度を基金として一括拠出するという、元慰安婦のための人道支援だが、これは韓国側の運営団体と関係者により食われてしまい、気づいたときには誰も罰せられないまま金は煙と化すことが予測される。加藤前産経ソウル支局長告訴事件でも立証されたように、韓国は近代の法治に大いに瑕疵《かし》のある国家である。１００年前は古代だった「半古代国家」であることを再確認する時がくることだろう。加えて、人道支援金はくれぐれも国家賠償との言質《げんち》を取られないように、名目と内容を工夫する必要があるだろう。

最後に、前出のマイネッケの著作に引用される、フリードリヒ大王の箴言《しんげん》を引いておこう。

「小国の政策は、悪事のかたまりである。それに対し大国の政策は、むしろ分別、偽装および名誉心をもっている」

今回の日韓合意は、画期的な歴史的合意でもなければ、日韓新時代を開くものでもない。韓国は憲法で上海亡命政権の法統を継ぐと明記する限り、日本統治時代は不法な悪の時代として葬り去らなければならない無窮の動機を持つ。日本と戦ったことも、独立を勝ち取ったこともない、国家の正統性をもたない国である。それゆえテロリストやキャンプフォロワーを銅像にし、英雄にしなければならず、それを恥と思う感性を持たない国である。そのような国の「最終的・不可逆的に解決」という約束を信じる日本人がいるとすれば、それは大国としての分別も名誉心も持たないということであろう。まれな先見性を持ち、優れた政治家である安倍晋三氏が、偽装で韓国に対していることを信じたいものである。

世界遺産でゴネまくった強制性の意味

2015年7月、ドイツのボンで開かれているユネスコの世界遺産委員会は、「明治日本の産業革命遺産」を世界遺産に登録することを決めた。

だが2015年6月29日の産経新聞正論欄で、私は次のように予告しておいた。「今回の世界遺産申請抱き合わせでもわかるように、韓国の自律行動は、ゴネ、イチャモン、タカリという至極低劣な『民族の最終独立兵器』によって全うされるのが常」「この点に関しての彼らの『恥』意識は存在しない」「むしろ今後、さまざまな要求を抱き合わせてくる可能性がある。わが国が注意しなければならないことはむしろこちらの方」だ、と。

佐藤地《くに》ユネスコ大使は「1940年代に一部の施設で大勢の朝鮮半島の人々などが意に反して連れてこられ厳しい環境下で労働を強《し》いられた」「この犠牲者のことを忘れないようにする情報センターの設置など、適切な措置を取る用意がある」と述べたという。

だが韓国は「明治日本の産業革命遺産」の標榜や情報センター表示の文言《もんごん》に、確実に「強制性」を盛り込むように、ゴネとイチャモンを国内外の様々な団体を使って繰り返す。会場の外に来ていた反日団体と、韓国の代表団を率いる趙兌烈《チヨテヨル》第二外務次官が、手を取って激励し合っている姿をNHKは報道した。この趙氏が日本側の言及した措置について、世界遺産委員会に対し確実に実行されるか検証するよう求めたのだった。

米軍進駐により棚ぼた式に独立を手に入れた韓国には、もとより国家の正統性がない。少なくとも独立運動で戦った生き残りは北朝鮮の故金日成主席の方で、こちらに正統性がある。そこで韓国では国初より様々な歴史の捏造《ねつぞう》を繰り返し、ドロップアウターやテロリストを英雄にせざるを得なかった。日韓併合は不法であり、彼らが日本の不法と戦い続けたという物語を作成し、日本人に同化して生き続けた統治時代のコリアンの生を無化しようとしたのである。

だが、朴槿惠前大統領の父、朴正熙氏が満洲国軍の将校、高木正雄だったことや、結局世界を魅了することのなかった韓国近代文学の祖、李光洙という人物が香山光郎と名乗ったことを否定することはできなかった。

否定するには、強制されてやむなくそうしたのだという口実が必要なのである。「強制性」さえあれば、不法だったので強制されたと言い訳ができる。日韓併合自体を不法だとする主張は、既に2001年11月に米ハーバード大学、アジアセンター主催の日・米・英・韓の学者による国際学術会議で退けられた。今回「強制性」から不法を導くというのはいわば搦《から》め手《て》である。「慰安婦」「徴用工」も「強制性」を剝奪されれば、ただの同化日本人にすぎない。朝日新聞が「従軍慰安婦」の誤報を認めたことにより、たとえ朝日が「強制性」の否定を拒んでもその大半は剝奪された。残るは「徴用工」である。韓国は必死に挑んでくることだろう。

問題はそもそも当初のボタンのかけ違いにあった。たとえ棚ぼた式独立だとしても、民主主義、法治主義、基本的人権の尊重などが満たされれば、韓国は立派な近代国家としての正統性を得ることができ、北朝鮮のような無法国家を凌駕《りょうが》できたのである。しかし、そうはならなかった。法治主義は、司法の為政者に対する「忠誠競争」により劣化し崩壊した。人権の尊重は、セウォル号沈没やＭＥＲＳ感染拡大に見られるように停滞し、さらに恐ろしい半災害・人為的事件が引き起されることが予測される。

朴槿恵前大統領は、政治家としてはいたく素人であった。すでに政府や軍の中に北朝鮮シンパが沢山いて、外相の尹炳世氏からしてそうであった。彼は盧武鉉大統領（２００３年2月~08年2月）の左翼政権時代にＮＳＣ室長、外務省次官補、大統領府外交安保主席秘書など外交分野の実務や重要ポストを歴任し、盧武鉉・金正日氏による南北首脳会談実現の立役者となった。尹氏は政権が代わると翌年、２００９年からは西江大学（朴槿恵前大統領の出身大学）の招聘《しょうへい》教授となり、２０１０年末に発足した朴氏のシンクタンク「国家未来研究院」で「外交・安保分野」を担当し、朴政権で外相になった。「国家未来研究院」時代の同僚を洗うと、北朝鮮シンパがゴロゴロと出てくる。

世界遺産登録で、反日団体と趙兌烈第二外務次官が手を取って激励し合っている姿に、私は従北勢力の市民団体と政権内部の北朝鮮シンパとの「反日」をめぐる危険な共闘を見た。

朝鮮半島はバッファーにすぎなかった

中国はなぜこの廊下に攻めこまないのか。歴史上、中国が朝鮮半島に軍を派するときは決まって援軍である。7世紀、三国時代に高句麗・百済に対する新羅の援軍で唐軍は南下した。以後、史料を欠く。

16世紀、豊臣秀吉の朝鮮の役では明軍が南下したが、朝鮮の碧蹄館《へきていかん》（韓国京畿道の邑）で小早川・立花・宇喜多連合軍に大敗すると、和睦《わぼく》を結んでいる。

19世紀、清《しん》の袁世凱《えんせいがい》は「属邦《ぞくほう》保護の為」出兵し、日本派（独立派）を排除しただけで退いた。ただし、日清戦争が後を襲い、勝った日本に朝鮮をもぎ取られることになった。

20世紀、朝鮮戦争時には、中国義勇軍が金日成最高司令官を救い、手の空いた彼は党内の政敵、中国派（延安派）の粛清《しゅくせい》にいそしんだ。

なぜ中国は朝鮮に侵攻して自領としないのか。攻めこめば、赤子の手をひねるようなものだが、しない。攻め込んで朝鮮半島を支配してしまうと、逆に弱点を中国の内部に取り込んでしまうことになるからである。

朝鮮半島を落とされると、次はほぼ自分たちのところに向かって来ると、シナ人からは予想される。契丹族（遼）、モンゴル族（元）、女真族（清）がそうで、豊臣軍にもその可能性があった。戦時中には朝鮮を橋頭堡《きょうとうほ》とする日本の脅威にさらされ、朝鮮戦争の時の米軍も北上して攻めこみそうな形勢だった。侵攻される可能性を減らすには、弱点を抱え込むより緩衝地帯（バッファー）としてあったほうがよいという理屈である。敵が侵攻してくれば援軍を出して時間稼ぎをし、朝鮮を犠牲にして中国侵攻の可能性を減じるという方策である。

その意味で38度線は中国にとっては最上策であり、DMZ（非武装中立地帯）を固定することにより、朝鮮半島は歴史上はじめて中国の弱点ではなくなった。そんな中国が南北統一を支持したくはない。よしんば、時の成り行きで、38度線が消滅したとしても、彼らは朝鮮半島を丸ごとバッファーにすることを望むだろう。

逆に韓国・北朝鮮から言えば、38度線ではじめて朝鮮半島には国家らしい国家が現れた。ただし立国条件を欠いているので、自立性を擬制《ぎせい》しなければならなかった。北朝鮮には金日成家の革命系譜だけが朝鮮独立運動の礎《いしずえ》だったという「革命伝統」の擬制と、朝鮮は周辺国によって左右されない意志を持つという主体思想の擬制が造られ、半世紀にもわたって教育された。

韓国では、「正しい歴史」という正しくない歴史が捏造され、正統性のない国家に正統性を付与する擬制が60年にもわたって延々と続いた。王様が逃げるので、仕方なく戦った民衆は義兵に偽装された。日本統治時代には協調して近代化に努めた。だから戦後の民族抵抗史観では無頼のテロリストを英雄に仕立て上げるしかなかった。結果、国民の大半はそれらを信じるに至った。ここで筆者が擬制というのは、まやかしのことである。擬制というのはこちら側に根拠を捏造したまやかし、虚構というのは根拠を諦めたところに偽造される遊戯のことである。

バッファーとしての用をなさなくなった韓国・北朝鮮

約束も信用もなく、宗族《そうぞく》だけに依拠した古代社会が、つい100年前まで続いていたというのが、朝鮮半島の事情である。

それでも冷戦時代には、まだ理想があった。韓国は民主主義と自由主義経済の西洋型近代化を目指し、北朝鮮は集団主義と計画経済による社会主義の近代化を目指していた。まずかったのは、社会主義経済に相応《ふさわ》しい経済学がなかったことである。思想だけで始めたのだ。計画経済とは名ばかりのどんぶり勘定のため、何カ年計画に必ず辻褄《つじつま》合わせの調整期がついた。土地の所有権はなく、実質的には古代経済が延々と続いていたのである。商業はなく、流通を無視したので、食糧は配給制だった。

1991年、ソ連がアメリカとの軍拡競争に敗れて、経済破綻すると、北朝鮮はバーター貿易による利得を失い、ハード・カレンシー方式の厳しい現金払いを迫られた。中国が鄧小平の経済政策の時代に入り、現金を要求されるようになると、たちまち「社会主義経済」は崩壊した。1993年、北朝鮮は計画経済を放棄した。国家独占資本主義に乗り換えた中国は、早々と北朝鮮を見限り、1992年、韓国と国交を結んだ。

重要なのは、この時、北朝鮮の社会主義の近代化が失敗に終わり、理想が完全に失われたことである。経済は古代経済の地を曝《さら》し、外国貨幣数種類が国内貨幣と並び流通し、農場や連合企業所の上納金搾取は露骨になり、闇市が常設化し、配給制は崩壊していった。東洋的専制主義は息を吹き返し、派閥の交替は党・軍・警と激しく変遷していく。もはやバッファーとしては無用の存在と化したのだった。

一国バッファーとなった韓国は、これまで通り外資を導入し、貿易に特化して経済発展をとげた。中国との貿易は年を追って拡大を続けていく。バッファーの地位を失った北朝鮮は、自分で己を守ることを始めた。配給制を止め、全ての資金を核・ミサイル開発につぎ込んでいくのである。このため、1995年から5年間、人民は飢餓線上に放りだされ、約200万人が死んだと言われる。いわゆる「苦難の行軍」時代である。

端的に、何が問題だったのかと言えば、この小国たちがバッファーからの脱出を試みたことにあった、と言えるだろう。韓国は外資と貿易で経済発展をとげた。北朝鮮は、核・ミサイル開発に特化し、「強盛大国」になろうとした。

だが現実は、韓国は外資占有率と貿易依存度の異常に高い国になっただけであった。家計負債はマンションの転売で増え続けた。まるで村界がなく、流浪しては転居する李朝の農民のようである。働いて儲けるという勤労のエトスは実は低いものなのである。1997年の経済危機以来、小さい危機は何度も起こっている。利益を外国投資家にもって行かれる一方、輸出を増やしてGDPの半分以上をまかなう。アメリカから金を借りて、中国に商品を買ってもらう。こんなことを繰り返しているだけなので、内需が増えて行かない。持てる者と持てぬ者の格差はどんどんと広がって行った。

結局韓国も、民主主義と自由経済の西洋型近代化の理想に失敗したのである。あるいはこの理想は、いつの間にか東洋的専制主義の大国幻想にすり替わっていたかもしれない。盧武鉉大統領が「韓国は米中のバランサーになる」と言い出したあたりが、バッファーを抜け出したいという野望の始まりだったのだろう。その間、韓国の近代化はすべて失敗した。弁護士出身の盧武鉉氏自身が「法の不遡及」という近代法の大原則を破り、親日派の子孫から土地財産を奪ったのはその一例である。

韓国の近代化の失敗は、法治の欠如をはじめとして、「信用社会の構築」「分業関係の定着」「実証主義の学問」など、すべてアウトである。

つまり今我々が見ている朝鮮半島のかつてバッファーだった二国は、その理想ゆえに現実を忘却し、野望に走ったが故に全く逆の失望国家となった二国なのである。

北朝鮮はその憎悪をアメリカに対しむき出しにし、韓国はその憎悪と嫉妬を日本に向けて募らせている。それで辛うじて国内の不満をそらし、国民統合させているのである。結局彼らは、バッファーの地政学的な地位に甘んじることができず、大国からの自立を果たそうとしたが、自らその自律性をコントロールできなかった国家だったということである。古代性が深すぎ、自前の文化も何もない。

では、周囲の大国はどう出るだろうか。当然、朝鮮半島をバッファー・ゾーンに戻すという地政学的な力の方向に加担することだろう。そうなれば米朝首脳会談における平和のアリバイ作りが功を奏するだろう。アメリカが米韓軍事演習を再開し、拡大しようとも、よしんば爆撃しようとも、周辺諸国民はアメリカを騒がしく非難することはないだろう。

　韓国が大統領選挙で従北勢力の核心を選んだのも、民主主義、自由主義経済、西洋近代化に失敗し失望した結果であり、そうなるだろうなという感慨しか湧いてこない。関心事は、どうやって彼らの狂気のような自律性のアブノーマル・コントロールに対処し、力と人口を殺《そ》ぎ落として、大人しくしてもらうのか、その人口をどこに移すのかだけである。

　アメリカは16年前から在韓米軍の削減を実行している。韓国は安全保障への米軍の関与を維持しようとし、韓国軍の指揮権引継ぎを延ばしてもらった。だが、在韓米軍の撤兵はつづく。かわりに韓国の弾道ミサイル射程を８００キロメートルまで増やすことで米韓両国政府は合意した。その見返りが、ＴＨＡＡＤの配備だった。この中国の嫌がる装置は、結果として、在韓米軍の肩代わりとしてその緩やかな撤兵を促すのである。

　日本は韓国が左翼政権下なので、再び歴史戦争を仕掛けられるかもしれない。あれは憎悪のはけ口なのだ。その手に乗らないことが肝要である。韓国の歴史はすでに彼らが造作し、崇め奉るまでに偶像化されている。私は日韓歴史共同研究の第一期と二期をしたが、第三期は絶対にしない。命を縮めてまでしなければならないような重大事ではないと思われるからである。時空のコマは、もはや別の因果ストーリを刻んでいるのである。

終章　米中衝突と東アジア「反日」トリニティの襲来に備えよ

歴史には法則も普遍もない

第2章で少しだけ触れた、故・岡田英弘博士は、成蹊高校理科乙類から東大東洋史に進んだ、物理学出身の歴史学者だ。歴史を語って、「現実の世界にはストーリーがない。ストーリーがあるのは人間の頭のなかだけだ。歴史とは無数の偶然、偶発事件の集積にすぎない。……しかし人間の頭でそれを説明するためには、筋書きがいるのである」(『岡田英弘著作集Ⅰ』「歴史とは何か」藤原書店、36頁)。

歴史を欲しているのは、自然の時間ではない。我々の体内時間なのだ。時空の推移をストーリとして語らなければ、世界認識ができない。

「歴史の成立には、もう一つ、非常に重要な条件がある。それは、事件と事件との間には因果関係があるという感覚だ。……こういう考え方は、現代人、とくに日本人のあいだでは、ごく当たり前の考え方だけれども、じつは世界のなかでは、人類のなかでは、どうも少数の感じ方、考え方らしい」（同書140～141頁）

そう、古代エジプト人などは、こういう感覚がなかったので歴史書が一冊も残っていないのだ。インド人に因果の感覚が生まれ、歴史が現れるのは、イスラム文明に征服されて以後のことである。

「良い歴史、悪い歴史を判断する際、大切なのは、どの史料、つまりどの他人の経験も、矛盾なく説明できなければいけない、ということである。矛盾が少なければ少ないほど良い歴史になる、ということだ。その良い歴史には道徳的判断はいっさい入ってはいけない」（同書41頁）。これが難しいのである。そもそも、歴史が一方向に進み、段階的に進化するなどというマルクスの唯物《ゆいぶつ》史観のような「空想的な歴史観」（同書143頁）がなぜ生まれたのか。

岡田さんの解釈が興味深い。世界は光明（善）と暗黒（悪）の戦いで、光明が暗黒を打倒して理想の世界が実現する、という「ゾロアスターというペルシア人の預言者の思いつき」（同書144頁）が、ユダヤ教に入ってメシア思想になり、それが独立してキリスト教になり、キリスト教の「終末論」と「千年王国」の思想が、19世紀のヨーロッパではやっていた、ダーウィンの進化論に触発されて理想世界の段階的発展論になった、というものである。で、これは道徳的判断の入った「悪い歴史」なので、「マルクス史観の悪影響」という小見出しがついている。

そして歴史には法則も普遍も厳禁だと釘を刺すのである。

「歴史というものは地域によって違うもの、つまり歴史は地方文化であって、普遍的なものではない、ということなのである。……ところが、韓国人も日本人も、それぞれの立場で見た歴史が唯一のものと思っている。歴史というものは普遍的なものだと信じているのである。これは必ずぶつかる」（同書115〜116頁）

こちら側で偶然に起こっていることに普遍性などあるわけがないし、起こっていることの諸原因に究極の根拠などないことに気がつく。物事はだいたいが複合原因によるのである。近代の教育体系はドイツ観念論で作られ、秀才たちを全部こちら側に囲ってバリヤーをかけ、バリヤー内に意味のないことはないから一生懸命勉強しろと教えた。「学問のために学問する」というと、みんながえらいと思って誉めたものだった。今ではそれも、ただの同義反復に堕《だ》してしまった。

「普遍的価値を目指せ！」というと、2005年頃の院生に、「先生、普遍って、本当にあるんですか?」と問われて、うまく答えられなかった自分を思い出す。日本の近代はその頃、すでに終わっていたのである。

でも、良いではないか、合理主義・科学主義・法治主義・民主主義・統一された自我像・人権主義など、近代の難題を日本人はすべて完遂したではないか。これまでの長きは、西洋近代の見習い修行だったのだ。統一された自我像がなければ、酔っぱらった時の契約は無効になってしまう。そんなことはもう誰も許さないだろう。

近代化失敗の韓国、法治でも情治でもなく

2017年1月、韓国の大田《テジョン》地方裁判所は、2012年に長崎県対馬《つしま》の観音寺《かんのんじ》から盗まれ、韓国に持ち込まれた「観世音菩薩坐像《かんぜおんぼさつざぞう》」の所有権が、韓国の浮石寺《ふせきじ》にあるとの判決を下したが、日本人の誰もがおかしいと思った。韓国人窃盗団が日本の寺から仏像を盗んだのに、韓国浮石寺の訴えにより、事態が過去遡及《そきゅう》され、倭寇《わこう》によって奪われたものとして大田地裁が韓国政府に、仏像を浮石寺に引き渡すよう命じたのである。これは法治主義の基本である罪刑法定主義の「法の不遡及」に背《そむ》くものであり、韓国人が法治主義をいまだに身に着けていないことの証左なのである。

ついでに言っておくと、韓国人が「法の不遡及」を破ったのは今回で三度目だ。一度目は、１９９６年の金泳三《キムヨンサム》大統領時、時効を無効とする事後法「光州事件特別法」を制定し、全斗煥《チョンドゥファン》、盧泰愚《ノテウ》の二人の元大統領を白装束《しろしょうぞく》に御縄付きで法廷に引き摺《ず》りだし、前者は死刑判決後に、後者は懲役後に特赦した。二度目は、２００６年の盧武鉉《ノムヒョン》大統領時の「親日反民族行為者財産の国家帰属に関する特別法」施行で、２００９年までに親日派子孫の土地、約１６０億円相当が没収された。

この韓国人の法治の欠如の向こう側にどんな根拠があるのか。これを見極めるのが近代以後の学問である。あらゆる学問はこちら側の無根拠に耐えながら向こう側の根拠に近づく営為であると言える。本書では、歴史的な事例を集めて根拠ににじり寄ることを行なった。すると第3章で詳しく見たように、李朝《リ》時代には「濫囚《らんしゆう》」といって、逆らう者はその場でジャンジャン獄に投じ、「濫赦《らんしや》」といって、見せしめが終わるとゴソッと恩赦していたことが分かった。

結論は至って単純だ。「コリアンの刑罰は報復・見せしめだ」である。「情治国家」などという、意味不明の語彙《ごい》が広まっているようだが、「情治」というのは一体なにか、こんな揶《や》揄《ゆ》混じりのアヤフヤな表現を使っているから、日本のマスコミはいつまでたっても成長しないのである。

韓国は報復・見せしめの刑罰しか知らないから、報復と見せしめのためには、法の過去遡及もするし、言論の自由や報道の自由も「筆禍《ひっか》」として処罰しようとする。それで為政者の独善がやまないのである。こんなのは全部、朴槿恵女史が実践してみせてくれた。

そこで、次のように経過説明をすることが可能だろう。近代が終わろうとする20世紀後半から、日本は近代の完遂へと向かい、韓国は完遂できずに退行し、21世紀に入ると、現代における国の明暗がはっきりと分かれた。韓国は2012年になると、その失敗過程で生じた憎悪を露骨に日本に向け始める。2012年、李明博《イミョンバク》大統領が8月10日、日本国島根県竹島に不法上陸したのに続き、14日には、こちらが訪韓を依頼したわけでもないのに、「独立運動家への心からの謝罪」が天皇陛下の訪韓の条件だといい、「痛惜《つうせき》の念という言葉だけ」ならば来なくてよいと、天皇陛下と日本国民の心を踏みにじる暴言を吐いた。

2014年には、朴槿恵前大統領の離間策外交《イガンチル》が始まる。そして2017年のムーダンを国政に介入させての罷免《ひめん》へと続く。もう異常な国家であることは誰の目にも明らかなはずなのに、朝日・毎日の韓国担当記者たちは、韓国の身になって一緒に何かしようとする。韓国の憎悪に寄り添いたいらしいが、真っ当な姿ではない。

左翼プロパガンダの時代からマルクスの残留思念へ

渡韓する1年前、私はマルクス教の伝道僧のようだった或《あ》る西洋経済史の教授のもとで修めた学問が、一瞬にして倒壊する、その崩壊感覚を味わっていた。1979年のソビエトの旅、レニングラード（現サンクトペテルブルク）の裏町で貧しい失業者の群れを見たことが発端だった。

たぶんこの頃から、私は自分で考え始めたのだろうと思う。当時の韓国は、日本では同情と贖罪《しょくざい》の対象だった。同情の方は日本時代を経た後に朝鮮戦争ですべてを破壊され、なおも低迷する韓国人に対する自然な感情だったが、贖罪の方は違う。60年日米安保条約の批准《ひじゅん》発効を控えて、58年頃から左翼知識人が日本人の関心を東アジアの社会主義国に向けようと、本書第2章でも触れた猛烈なプロパガンダを行ったのである。当時の日本人は敗戦の惨禍からようやく立ち直ったばかりで、「贖罪」と言われても、自分の方がひどい目にあったのでピンと来なかった。そこで左翼たちは、はじめは「認罪」という言葉を使っていた。この言葉は、60年6月号の『世界』に初登場する。

ここから「贖罪」に次々と尾ひれがつき、「強制連行」や「従軍慰安婦」などの嘘が付け加わって行くのである。82、3年頃、日本の世論はまだこの時の社会主義プロパガンダの影響下にあり、「T・K生」こと池明観《ジミョンクワン》と安江良介両氏は、『世界』の73年5月号から88年3月号まで続く、「韓国からの通信」を連載していた。北朝鮮に比べ、何とも重苦しい「韓国軍事政権の独裁支配」というキーワードだけで韓国を塗り込めた、今様に言えばデフォルメとパフォーマティブな誤読の「脱構築」本であった（岩波新書刊）。

ここで「脱構築」をはじめとするマルクスの残留思念について触れておこう。佐瀬昌盛・防衛大学校名誉教授は次のように指摘する。

「世界は東西冷戦だったが、日本は国内で冷戦を戦ったと言える。西欧諸国にもマルクス主義者はいたが少数派だった。知識人が二分されたのは日本だけだ」（読売新聞、2014年11月7日付）

ドイツでは統一後、東ドイツの大学のマルクス主義者は追放され、文字通り街頭でリヤカーを牽《ひ》いた。日本ではそのような過程がなかったため、彼らは全部生き残り、さらに大学で20年間食いつなぎ、安定的な定年後を迎えるべく、残留思念となっていったのだった。

マルクス主義の三本柱、①唯物《ゆいぶつ》史観、②労働価値説、③階級闘争論のうち、①と②はすでに折れていたので、残留思念たちは③を増幅することにした。労使の階級闘争を、権力者と非権力者の間の対立に拡張し、「解放の擬制《ぎせい》（抑圧→抵抗→解放のストーリ）を国家規模や世界規模の対立にまで広げようとしたのである。たとえば脱植民地主義（ポスト・コロニアリズム）では、朝鮮と台湾を「植民地化」した、日本人の祖先が批判の対象となった。ここから、「南京大虐殺」や「従軍慰安婦＝性奴隷」のような虚構が次々と負のスパイラルで肥大化していった。

あるいは「脱構築」（デコンストラクション）派は、歴史無き人々の歴史を国家に抗する闘いの歴史と捉《とら》え、例えば靖國神社は「悲しみを喜悦に転換する戦死者美化装置だ」とされた。このように「誤読・逆転・デフォルメ」を用い、現実の事実を非権力者主体にひっくり返す。向こう側の根拠をわざとはずしてしまう。ソフトバンクのＣＭのように、「人間の作った家畜」という犬の根拠を故意にはずし、逆転させて白戸家の犬のお父さんという主体にしてしまう。こういうのを「脱構築」というのである。

さらに正義論（セオリー・オブ・ジャスティス）に立つリベラルは、弱者、少数派、非権力者は善であり、所得の公正な配分が善であるとする。しかし例えば、パンを作る人、買う人、盗む人の動機は等しく「飢え」で善悪はない。それが法や常識の制約で善になったり、悪になったりする。人間は結果から原因に遡《さかのぼ》って因果論を作るのであり、原因から始めることができない。だから、初めから善をとることは困難である。制約の結果何が善、何が悪になるかは分からないからだ。

しかし正義論リベラルは初めから弱者、少数派、非権力者を善とする。結果を無視して初めから正義を振りかざすという、はなはだ無理な理想主義の思想になっている。

日本では、大学でこうした残留思念の教授から教わった人々が今の50代前半から40代に当たる。ビジネス・パーソンにとっては、世界で活躍するのに何の役にも立たなかったのみならず、往々グローバル時代のリアルな経済生活を阻害されたし、資本主義的生活がビジネス・パーソンよりも比較的楽なぶん知的だと誤解されている教育者、政治家、マスコミ人、公務員などの人々では、今も否定されずに残留思念が頭に居座ったままになっている可能性がある。

ここから立憲民主党・山尾志桜里《しおり》議員の国会での「日本死ね」発言、朝日新聞社や文藝春秋社の非権力者気取りの傲慢《ごうまん》さが生じてくるのである。

後付けだが、右記の残留思念は結局のところ、みんな反「資本主義国家」思想であったものと見なされる。現在その相貌《そうぼう》がますます明らかになってくるのは、「『グローバル化』が完了していると思われる『現在』においても、『国家』も『国境』も消滅していないどころか、『国家』による『国民』の管理が監視をつうじて強化されている……グローバル化した世界では、管理の単位が『国家』になるからである」（佐藤けんいち『ビジネスパーソンのための近現代史の読み方』ディスカヴァー・トゥエンティワン、2017年、79頁）という時代にあって、日本型リベラルの発言が全部裏目に出て、断末魔の物凄い怒りに変わってきたように思われるからである。「日本、ダメ、ばか、死ね」と言っていた人々の最期の残留思念が、死出《しで》の旅路に発つのか。

ベターな選択肢は「政治的正しさ（PC）」のハードルを下げること

ここまでくれば、この先どうなるかは先見の問題である。イギリスのEU脱退とアメリカのトランプ大統領選出は、難民というムスリム大移動に対する防禦《ぼうぎょ》を最優先とした結果であり、ベターな選択だったと言える。

何故ベターかと言えば、英米はともに人種や民族、宗教などに対する差別に敏感なポリティカル・コレクトネス（PC）、遡っては人権主義と人道主義の本家本元である。それゆえに、このPCのハードルを故意に下げる難問からまず始めなければならなかった。イギリスはそれを国民投票によって行い、アメリカは大統領選挙によって行ったのである。

どちらが狡猾《こうかつ》かと言えば、イギリスであり、彼らは言行が暴力的なトランプ大統領を非難することができる。でもやっていることは同じである。難民・移民を減らすことだ。

このことは日本にも無縁というわけにはいかない。将来、朝鮮半島からの難民という、反日民族移動が起これば、日本もこのハードルを下げる必要に迫られるだろうからである。このとき、PC対応の日本型リベラルや人権サヨクが、社会の前面に躍り出ないように、PCのハードルを少しずつ下げていくことが肝要であろう。

例によって現在、PC対応で「正義派気取り」の日本のマスコミが、イギリス批判やトランプ批判を煽っているが、このトーンが上がらないように抑制することも、間接的に日本という主権国家を守るために必要なことである。

また、2018年6月号の、既に左傾化した『文藝春秋』を読む限り、無意識か意識的かは知らないが、中国の地域覇権を好み望み煽る大学教授も出てきている。2005年に、『東アジア「反日」トライアングル』(文春新書刊)で私が預言した、三位一体《トリニティ》の襲来が成就しなければよいのだが。

実際、南北統一などという事態になれば、本書第五章で見たように、一国二制度の連邦制を経て、専制権力で資本主義といった、中国と似たような国が誕生する可能性がある。

民主主義時代にその恩恵を受け、もはや専制政治に耐えられなくなった民衆が、自由主義圏めざし大量に遁走《とんそう》を始めたならば一体どうするのだろうか。

日本に半島からの難民がやってくるとすれば、今次は高学歴の者や政治犯まがいが中心であり、彼《か》の国の反日教育の結果として、学歴の高い者ほど反日度は高くなる傾向がある。以前のような、靖國神社トイレ放火犯や福島県にやって来た仏像破壊者のような破壊力ではもはや済まないであろう。

このような在日韓国人の第三の波を防禦することも重要であるが、既に分業国家日本の分業の友となっている、第一波と第二波の在日韓国人を、第三波から守ることも重要である。多くの日本人はあまり知らないことだが、彼らは自分たちの祖先が先見の明があって朝鮮半島を脱出し、新天地を求めて日本にやって来たことに既に気づいている。「強制連行されてきた」などという奴隷制国家の嘘を信じているのは、総連系大部分と民団系の一部くらいである。こういう人々は既に少数派なのだ。在日韓国人をイジメてはならない。在日韓国人には、私に日本と日本人を教えてくれた、私の妻のような「命の恩人」もいるのだから。

初出一覧

序章
『ＢＡＮ』２０１４年11月号「初歩から分かる朝鮮問題――朝鮮研究40年から読み解く」
第１章
『日本戦略研究フォーラム　季報』「東洋的専制諸国家と日本国（上篇）―子宮・廊下・群島―」
同「東洋的専制諸国家と日本国（下篇）―大国の威嚇と小国の卑劣―」
第２章
『月刊正論』２０１０年４月号「歴史を歪める日韓左派学者の幻想と虚構」
『産経新聞』２０１６年３月17日「韓国が重ねる歴史研究の『虚偽』」
『月刊正論』２０１４年１月号「韓国、終わりなき反日挑発の歴史的根源を抉る」
『産経新聞』２０１８年４月26日「近代の理念を捨てて考えよう」
『月刊正論』２０１８年９月号「文春と朝日の傲慢　アブダクション（推論）はこうやって使おう」
第３章
『別冊正論23　総復習・日韓併合』２０１５年３月「近代日本による刑政大改革と人権向上―韓国の歴史から見えるもの」
『月刊正論』２０１４年12月号「産経攻撃は卑劣な最終独立兵器の作動だ」
第４章
『ＷｉＬＬ』２０１４年２月号「朴槿恵、アンタに何者か　否韓三原則で対韓不干渉を貫け」
『月刊正論』２０１４年４月号「韓国に関わると日本はダーク・サイドに落ちる」
第５章

『月刊正論』2018年8月号「米朝衝突は米中衝突にシフトした」

『WiLL』2018年7月号「北朝鮮攻撃なら戦術核も！」（藤井厳喜氏との対談）

『歴史通』2015年11月号「まるでインカ帝国なみ…古代に回帰する韓国」

『月刊正論』2015年7月号「行き止まり『廊下国家』の未来」

『月刊正論』2018年4月号「やるんじゃなかった『平昌』五輪　文在寅ルーピー政権の末路」

第6章

『産経新聞』2016年1月7日「慰安婦合意を喜ぶのは早計だ」

『産経新聞』2015年7月9日「世界遺産でゴネた強制性の意味」

『歴史通増刊　やっぱりこの国はホントにおかしい』2015年9月「朝鮮半島『廊下』立国説から見えてきたもの」

『月刊正論』2017年7月号「憂鬱な朝鮮半島　韓国は日本へ憎悪のはけ口として再び歴史戦争を仕掛けるだろう」

終章

『月刊正論』2018年3月号「量子論で歴史学を考えていたら、天才が先にやっていた」

『月刊正論』2017年6月号「考えなかった新聞記者たちの暗転」

『月刊正論』2017年12月号「さよなら、リベラル、残留思念たちよ」

『月刊正論』2017年4月号「近代以後はベターをとろう　韓国から難民が押し寄せる日も、また…」

古田　博司（ふるた・ひろし）

筑波大学人文社会科学研究科教授。1953年、神奈川県横浜市生まれ。慶應義塾大学文学部史学科卒業。同大学大学院文学研究科東洋史専攻修士課程修了。著書に『悲しみに笑う韓国人』『朝鮮民族を読み解く』『新しい神の国』『日本文明圏の覚醒』『「紙の本」はかく語りき』『ヨーロッパ思想を読み解く――何が近代科学を生んだか』（以上、筑摩書房）、『東アジアの思想風景』（岩波書店）、『東アジア「反日」トライアングル』（文春新書）、『東アジア・イデオロギーを超えて』（新書館）、『韓国・韓国人の品性』（ワック）ほか多数。

「統一朝鮮」は日本の災難

2018年９月25日　第１刷発行

著　　者　古田博司
発 行 者　土井尚道
発 行 所　株式会社　飛鳥新社
〒101-0003　東京都千代田区一ツ橋 2-4-3　光文恒産ビル
電話　03-3263-7770（営業）　03-3263-7773（編集）
http://www.asukashinsha.co.jp
装　　幀　神長文夫＋松岡昌代
印刷・製本　中央精版印刷株式会社

ISBN 978-4-86410-624-5

構成　松本道明
編集担当　工藤博海